Nikola Tesla

Nikola Tesla

我是未来

尼古拉·特斯拉传

Steve Law

[美] 史迪夫·劳 著

浙江出版联合集团
浙江人民出版社

图书在版编目（CIP）数据

我是未来 ：尼古拉·特斯拉传 /（美）史迪夫·劳（Steve Law）著. —杭州 ：浙江人民出版社，2018.1（2018.3重印）

ISBN 978-7-213-08465-2

Ⅰ. ①我… Ⅱ. ①史… Ⅲ. ①特斯拉（Tesla, Nikola 1856–1943）– 传记 Ⅳ. ①K837.126.1

中国版本图书馆CIP数据核字(2017)第294073号

我是未来

——尼古拉·特斯拉传

[美]史迪夫·劳(Steve Law) 著

出版发行：浙江人民出版社(杭州市体育场路347号 邮编 310006)

市场部电话：(0571)85061682 85176516

集团网址：浙江出版联合集团 http://www.zjcb.com

责任编辑：洪 晓 余慧琴

责任校对：俞建英

营销编辑：陈雯怡

封面设计：观止堂_未氓

电脑制版：杭州兴邦电子印务有限公司

印 刷：浙江新华数码印务有限公司

开 本：710毫米×1000毫米 1/16 印 张：16.25

字 数：215千字 插 页：2

版 次：2018年1月第1版 印 次：2018年3月第2次印刷

书 号：ISBN 978-7-213-08465-2

定 价：58.00元

如发现印装质量问题，影响阅读，请与市场部联系调换。

序

提到电能，人们会想起爱迪生；提到无线电，人们会想起马可尼。但在他们身后却隐藏着一位已被公众遗忘、梦想着为全世界提供无限能源输送的电力学天才。他的名字是——尼古拉·特斯拉。

是尼古拉·特斯拉的交流电系统，使人们最终征服了难以驾驭的尼亚加拉大瀑布，并使电能被方便地传输到全美以及世界各地；是他最早获得了无线电通信的专利技术，正是这项技术使我们拥有了广播电视。他的专利，遍布在诸多领域：遥控技术、霓虹灯、X射线、导弹，甚至“星球大战计划”。

然而，这位不容忽视的天才，却被历史有意地遗忘了。特斯拉出生于塞尔维亚，后来他怀揣着梦想，只身移民美国。他的一生，与当时最有影响力的人，纠缠在一起。托马斯·爱迪生，仇视和排斥他的发明；伽利尔摩·马可尼，因盗用了他的专利而名噪一时；乔治·威斯汀豪斯，因为他的专利成就了著名的西屋电气公司；J. P. 摩根，曾支持他但最终还是抛弃了他。

在他人生的顶峰时期，特斯拉是一个闻名世界的人物。他的发明，帮助美国成长为一个强盛的工业帝国；他的创新，成就了世界商业社会千亿美元资产的巨大财富。最终，其他人都受益于他的发明而积累了无数财富，但他自己却一贫如洗。他的全部发明，几乎都被既得利益者巧取豪夺。

1933—1943年，特斯拉一直住在纽约客旅馆（New Yorker Hotel）3327号房间。晚年的他，深居简出，孤独地工作和生活，甚至一度靠牛奶和饼干充饥。

1937年，一个冬夜，特斯拉走出小旅馆，到附近的布莱恩公园喂鸽子。途中，他被一辆出租车撞倒在地，三根肋骨骨折。这一年，他81岁。在卧床不起的日子里，他雇人去公园，代他喂鸽子。

1938年春天，可以下床后，特斯拉继续每天去布莱恩公园喂千余只鸽子。公园里，人们常常看见一位高个清癯的老人，带着一包鸟食，面带笑容，把鸟食撒向鸽群。

他经常把生病或受伤的鸽子带回旅馆，雇护士照看它们，帮助鸽子恢复健康。他特别喜爱其中一只受伤的鸽子，花了2000多美元为她治疗。

“我爱这只鸽子，如同一个男人爱一个女人，我知道鸽子也爱我。我只有和她在一起，才能感觉生命的意义。”

1942年12月，特斯拉已连续几天没有去公园，他雇旅馆的清洁人员阿丽丝·莫娜罕代他去喂鸽子。

1943年1月8日，一个寒冷的早晨，阿丽丝·莫娜罕如往常一样来帮特斯拉收拾房间。几天前，她离开的时候，特斯拉叮嘱她在门口挂上“请勿打扰”的小牌子，谢绝会见客人，而且告诉她不必再来收拾房间了。

“请勿打扰”的小牌子挂到第三天还未取下，阿丽丝·莫娜罕疑惑地打开门进到房间，发现特斯拉已经死在床上。他两颊凹陷，面容安详。

助理法医H. W. 温伯莱验过尸体，判断死亡时间是1943年1月7日晚10点30分，“因心脏衰竭，在安睡中死去”。

尼古拉·特斯拉逝世，享年87岁。

1943年1月10日，纽约市市长在电台中播发特斯拉的讣告：

尼古拉·特斯拉，一位87岁的老人，一位特斯拉线圈、感应电动机以及上百项电气装置的发明者，昨晚，在我们的纽约市，在纽约客小旅馆，在简陋的旅馆房间里去世。

他去世时一贫如洗，但他是这个世界上为人类造福最多的人之一。如果将他的发明从我们的生活中抽走，工厂车间将停止运转，电车和汽车将停止转动，我们的城市将陷入黑暗。其实，特斯拉并没有离开我们，他的生命，已经深刻地融入进我们的现代文明、我们的日常生活、我们目前为战争所做的一切努力之中。

特斯拉的遗体，被安葬在哈德逊河边的费恩克里弗公墓。1957年，他的骨灰被运回故乡——南斯拉夫的贝尔格莱德，安葬于塞尔维亚贝尔格莱德的尼古拉·特斯拉博物馆。

特斯拉去世后八个月，美国最高法院宣布一项裁定，也就是特斯拉本人一直相信最终会到来的判决，裁定他是无线电的发明人。

他留下了这样的遗言：

我看待钱的方式，和其他人不一样。我所有的钱，都是继续投资发明创造，以此来改善人类的生活。

我的一生，致力于为人类提供永不枯竭的能源。我们需要发展，从永不枯竭的资源中获取能量。现在我向你们一步步展示的，就是我，如何最终实现我梦想的过程。

特斯拉去世前，仍然在做超能粒子武器的研究。他提出的“光束武器”被认为是粒子束武器。

特斯拉去世后，战争部联系了FBI，然后他的研究被宣布为最高机密。根据总统顾问的意见，他的所有个人物品都被查封；由于特斯拉的发明及专利的性质特殊，他的所有研究都被列为绝密。有一份文件记载：“（他）有80个分布在不同地方的手提箱，里面有他的研究手稿以及试验计划……”

FBI将他的设计图纸与实验作品全部没收，并将其列入高级机密，美国军方对他的论文研究至今也没有停止。

科学界公认的旷世奇才，只有两个，一个是达·芬奇，另一个就是尼古拉·特斯拉。他是世界最伟大的天才，被视为“创造20世纪的人”。

尼古拉·特斯拉是电气化领域的先驱，是他发明和创造了交流电系统，发明了电机和高压变压器，创造了第一台无线电遥控的机器、机器人工程学原理和太阳能驱动的发动机、X光设备、电能仪表、汽车速度仪表、冷光灯、电子钟、电子治疗仪……

他在科学和工程学领域取得了1000多项发明专利。当今世界的科学发明体系，仍然建立在特斯拉留下的遗产之上。特斯拉率先提出的概念有电子显微镜、激光、电视、移动电话、互联网和许多其他与我们日常生活紧密相关的事物。事实上，现今我们能够认知和采用的发明，只是他40岁以前的发明。而他在40岁以后的发明，一律已被封锁。他离世以后，所有关于他的资料，不论是在报纸、杂志还是书籍上，都被人有组织地删除和修改，致使这位伟大的发明家仿佛从未存在于世上一般，无人传颂他在科学上的贡献，无人追问交流电究竟是谁发明的。

这一切，源自特斯拉在1889年发明的特斯拉线圈。这是他一生中最受争议的发明，但也是他对人类贡献最大的发明，因为特斯拉线圈是一项能够无限量免费供电的能源科技。早在100多年前，人类原本就可以享有无限的免费电力。很可惜的是，他的发明侵犯了商人的利益。于是，这项伟大的发明，遭到财团的抵制，特斯拉也因此被逼到破产的边缘。

尼古拉·特斯拉的梦想，就是给世界提供用之不竭的能源。他是一个绝世天才，但是很遗憾，没有多少人真正理解他。

尼古拉·特斯拉是一位满怀创造力的人，就像一道划破宇宙的闪电，照亮世界的每一个角落。他开创了20世纪高科技领域的最巅峰：家用交流电、无线电系统、原子弹、中子弹、磁炸弹、隐形飞机、雷达系统、太空梭通信系统、洲际导弹导航系统、人造卫星系统、宇航机器人、深海机器人、登陆月球系统、登陆火星系统、引力门系统

（钓飞碟系统）。

尼古拉·特斯拉，被公认为是交流电、无线电、免费能源、现代物理学、雷达、电脑、无线网络、X光摄影、太阳能、死光、飞碟、人造卫星、火星探测、太空旅行、人造闪电、人造地震、人造气象、意念控制、意识显影、空间传送、粒子墙、引力墙、人造星球等的首位创造者。

同时，尼古拉·特斯拉也是诗人、哲学家、音乐鉴赏家、语言学家、养鸽专家、吠陀专家。他精通8种以上的语言，至少能阅读11种文字：英语、法语、德语、梵语、拉丁语、捷克语、匈牙利语、意大利语、塞尔维亚语……

20世纪，大浪淘沙，时间能证明其伟大。

一个人足够天才，才能承受长久的埋没。近百年的发明创造，让他始终走在世界科技的最前沿。

相比于自己，特斯拉更关心的是全人类，他深感自己是宇宙这一有机体的组成部分。特斯拉总是反复说："哪怕是最微小的有机体，也能够显示出整个宇宙的根本法则。终有一天，人类将有能力从宇宙的能量场中直接摄取能量维生。"

对于自己在人类发展中所肩负的使命，特斯拉说："我可以把这个世界劈开，但我永远不会这么做。我只是想让世界变得更好。我的主要目标是传播新的设想，并努力让它们变成现实。我非常希望，它们能成为未来研究者的一个起点。"

1983年，尼古拉·特斯拉去世40年后，在南非比勒陀利亚市，12岁的埃隆·马斯克在饱读了爱因斯坦、牛顿、莎士比亚、丘吉尔和本杰明·富兰克林这些大名鼎鼎的历史人物的传记后，在落满尘土的书架上，发现了尼古拉·特斯拉。当时，特斯拉这个名字，对于整个世界来说，都是很陌生的。埃隆读了尼古拉·特斯拉的自传，泪流满面。

埃隆想：尼古拉·特斯拉，是世上最生不逢时的天才，全世界的人，都欠他一个致敬。

埃隆想：如果有一天我有一个改变世界的发明，我一定用特斯拉的名字命名。

尼古拉·特斯拉，是埃隆·马斯克的精神偶像，是他不断创新的原动力。

2004年2月，埃隆·马斯克用尼古拉·特斯拉的名字，命名“特斯拉电动汽车公司”，以此纪念他眼中伟大的物理学家尼古拉·特斯拉——“创造20世纪的人”。

特斯拉的颠覆性意义隐藏在“特斯拉”这个名字里，他是埃隆·马斯克的终极梦想。

与传统汽车公司一般以创始人名字命名的惯例不同，埃隆为了纪念这位电力先驱，使用了特斯拉这个名字。

埃隆说：“将公司命名为‘特斯拉’，是为了向伟大的科学家和工程师致敬，这比‘马斯克汽车’的名字酷多了。”

特斯拉电动汽车公司向世界宣布，其并非一般的汽车企业，而是技术驱动的高科技公司。

特斯拉的铜像，矗立在硅谷；特斯拉的名言，被刻在铜像下面：“当下是他们的，而我致力于研究的未来，是我的。”

特斯拉，是硅谷的精神之父。

特斯拉，是一个精神符号，他划时代的创新精神，代表着他对人类的大爱情怀。这种精神，点燃了埃隆·马斯克，点燃了硅谷，成为新一代创业家百折不挠的精神核动力。

而我，从浩瀚的历史长河中汲取到尼古拉·特斯拉无比恢宏的奉献精神，还有他对人类大爱的慷慨之情。从那一刻起，我就期盼着为他的创造、创新和他的传奇人生写一本书，以将他推荐给中国读者。今天，我总算是可以了却自己的这个心愿了。

谨以此书，献给尼古拉·特斯拉，并向其致以迟来的、最深的敬意。

史迪夫·劳

2017年2月27日于美国洛杉矶

目　录 | Contents

身无分文的“美国梦”

1884年5月，“萨杜尼亚”号轮船，就要起航去纽约了。

“萨杜尼亚”号比“泰坦尼克”号小两号，但也承载2000名欧洲人穿越大西洋，到美国去淘金。

特斯拉是最后一个上船的。他身上只有几分钱，连船票都没法买，是船长给他开了“后门”。

船长亲自来到岸上，看见这个清瘦的年轻人，没有行李箱，只有一个薄薄的皮夹。船长查看了他的身份证，上面写着尼古拉·特斯拉，出生于塞尔维亚，28岁。

船长又检查了他的皮夹，里面只有4分钱，还有几首小诗、几篇文章和一叠画满数学公式的稿纸。他手里还拿着自己设计的飞行器，身无分文，却想去做个“美国梦”。

船长打趣说：“你也许是世上最伟大的发明家，只是无人知晓。”

其实，船长说得一点没错。28岁的特斯拉所发明的交流感应电动机，是当时世上最伟大的发明。连他自己也没有想到，他发明的交流电，即将掀起第二次工业革命浪潮。

当时，这样“蹭票”的人很多，一般都是流浪街头的诗人、艺术家，他们向船长保证，到了美国一定“一鸣惊人”。但船长拒绝了：“你们还是把艺术留在欧洲吧。”可船长在听特斯拉讲了自己发明的

“交流电”的未来后，动心了。

船长问：“你会游泳吗?”

特斯拉说：“可以潜到海底。”

船长说：“我需要一个救生员，你就坐在船尾，随时准备着要下水去救可能会葬身鱼腹的人。”

特斯拉说：“坐在船尾，已经很好了。”

船长拍了一下他的肩，让他上了船。

“萨杜尼亚”号轮船，行驶在大西洋上。

大西洋的夜，星光灿烂。特斯拉站在甲板上，看着浪涛，憧憬着即将要去的陌生国度，一想到就要与自己心目中的英雄——托马斯·爱迪生见面，一股暖流顿时温暖全身。

去美国，完全是仓促的决定。特斯拉就像个逃犯，一锁上房门，就赶到了火车站。火车正在进站时，他才发现身上的钱和车票都丢了。他搜出了够买一张车票的所有零钱，一下就跃上了火车；又凭着“动人” 的交流电前景，登上了“萨杜尼亚”号轮船。

24小时前，他想也没有想到，会突然去“新大陆”。

这次出走的原因，要追溯到两年前。

1882年秋天，特斯拉通过亲友的推荐，到巴黎爱迪生电话分公司工作。派给他的工作是检修机器设备，凡是设在法国和德国的爱迪生发电厂出了问题，都归他负责处理。

特斯拉向爱迪生公司的经理们宣传，说服他们相信交流电的巨大潜在利益。但特斯拉不知道的是，爱迪生一听到别人提“交流电”就反感。“爱迪生一心固守直流电，他比他的碳丝灯泡更加死硬固执。”

交流电电动机的念头，每天都浮现在特斯拉的脑海里。“我完全沉醉于在脑海中构图和设计新元件所带来的享受中，这种极大的精神享受，之前也有过体验。各种创造的灵感像泉水一样在我的脑海中源源不断地涌现，唯一的困难就是，如何迅速地将这些灵感紧紧抓住。”

遗憾的是，特斯拉没有资金建造电动机原型。

就在他满脑子想着交流电的时候，在位于阿尔萨斯地区斯特拉斯堡市的新火车站，德国威廉一世参加的剪彩仪式上，由于配线短路，发电机发生了爆炸，有一大片墙壁被烧毁了。这让德国政府非常恼火，他们拒绝继续安装这一照明设备。如果购进电机的德国政府拒绝收货，法国分公司将会承受严重的经济损失。

公司经理劳特先生焦急地找到特斯拉：“出大事了！没有人能在短时间内，处理照明发电机问题，只有你能搞定。你会德语，公司委派你与德方协商。只要你修好发电机，把此事处理好，就给你一笔奖金。”

特斯拉当即奔上火车，来到莱茵河畔的斯特拉斯堡。他没日没夜地工作，处理设备故障、与各方沟通、与政府官员开会……

在斯特拉斯堡，特斯拉与市长索辛先生交上了朋友。特斯拉对索辛先生提起了自己的交流感应电机，索辛先生很有兴趣，并介绍特斯拉认识了火车站对面的一家机械商店老板，他们准备组装一台简易电机。

处理火车站电机故障，已让他分身乏术。但只要能挤出一点时间，特斯拉就拿着他从巴黎带来的各种材料，跑到这家机械商店里，组装电机。

但是，因为工作实在太繁忙了，直到1883年夏天，电机才组装完。他看着亲手制造的第一个感应电机，按下电钮。在不需要滑动触点和整流器的情况下，交流电让电机转动了起来。

看着自己的第一台实用交流感应电机在稳稳地旋转，他欣喜若狂，这与他一年前在布达佩斯时的设想完全一致。“虽是一台粗糙的装置，可是它让我第一次看到了不用整流器而是通过交流电产生的旋转，它使我心满意足。”

在一位助手的帮助下，特斯拉的两次试验都达到了他所设计的理想状态。

于是他请来了索辛先生，向索辛先生演示这台交流电机与直流电机的不同。

索辛先生看后，立即请来了一些有实力的投资人，让他们亲眼看看交流电完胜直流电的演示。

特斯拉难以掩饰他的欣喜：“看到自己努力的成果，我欣喜若狂，而且能向大家展示这一成果，我的心情更加激动。”

索辛带头鼓掌，说：“交流电胜过爱迪生直流电，在我看来，交流电的优点如此显而易见。因此我不能想象有谁会对交流电的优势视而不见。”

索辛对特斯拉的发明鼎力相助，这让特斯拉非常感动。

尽管特斯拉无限憧憬交流电的未来，但投资人无动于衷；尽管索辛市长为此用尽了人脉关系，却没有人有兴趣给特斯拉投资。投资人对交流电都太陌生了。

索辛先生拿出了几瓶标有“圣埃斯蒂菲1801年”字样的陈酒。这几瓶酒，还是之前法国人入侵阿尔萨斯时候留下来的。索辛非常看好特斯拉，自豪地说：“除了特斯拉，没有人配喝这种名贵的酒。”

这是特斯拉“一生中最难以忘怀的事情之一”。

1884年春天，火车站电机故障一事的所有问题都得到了妥善解决，电力设备也被德国政府正式接收。

索辛先生来到火车站为特斯拉送行，催促他尽快去寻求资金帮助——这也是特斯拉心心念念的事。

尽管索辛先生没有能拉到投资人，但是特斯拉一直牢记索辛先生对他的知遇之恩。“虽然索辛先生没有给我提供金钱上的帮助，但是我的感激之情丝毫不会减弱。”

特斯拉发明的感应电机

特斯拉满怀着美好的憧憬，返回了巴黎。因为经理劳特先生曾经许诺，假如他能成功解决问题，就会发给他一笔奖金，而且还会根据他对发电机做出的相应改进，确定公平合理的报酬，他一心盼望着得到那笔奖金。

特斯拉走进劳特先生的办公室，直率地说：“这笔奖金，对我太重要了。”

劳特先生一脸诧异：“什么奖金?”

特斯拉说：“您不是说，只要我修好发电机，把事情解决，就给我一笔奖金吗?”

劳特先生不以为然地说：“当时以为是很难的事，你不是很容易就搞定了吗？看来没什么大不了的，德国政府已经同意进货了。”

特斯拉还抱着一丝幻想：“可您已经承诺了!”

劳特先生嘿嘿一笑：“我承诺了？ 我立字据了吗？你有证据吗?”

对这位失信的上司，特斯拉本能地产生了厌恶之情。

公司有三位负责人，特斯拉又找到副经理，副经理说，权力在财务经理那里。

特斯拉又找到财务经理，财务经理说，只有劳特先生才有权决策。

在几个回合的互相推诿之后，特斯拉才意识到，奖金如西班牙的城堡般遥不可及。

特斯拉又回到劳特先生的办公室，他已经不惦记那份奖金了，他只是希望公司能支持他研发交流感应电动机。

劳特先生摇摇头说，美国总部自始至终都很反感交流电，所以公司不会为此付出一个铜板。

特斯拉非常失望。他认为，这样的上司根本不配领导自己。他对经理说：“我辞职了。”

劳特先生手一挥说：“请便。”

特斯拉走出劳特先生的办公室，一脸茫然。恰好在大门外，他遇上了巴黎发电厂的经理查尔斯·巴切罗。

巴切罗听说了特斯拉被公司“戏弄”的遭遇，他凭着多年来看人的经验，断定站在自己眼前的这位年轻人，是个天才。

巴切罗提议说："你这么年轻，为什么不去美国呢？你应该到美国那个遍地黄金的地方去碰碰运气。你直接去找爱迪生，把你的交流电当面演示给他，你可以为爱迪生设计新机型。"

特斯拉眼前一亮，转而又说："可我不认识爱迪生。"

巴切罗是一位英国工程师，他和爱迪生是多年的好友。在爱迪生改进第一台贝尔电话机时，他是爱迪生的助理。爱迪生发明了送话器，使人在距离很远的地方也可以互相听到对方讲话的声音。巴切罗正是协助爱迪生在吵吵嚷嚷的大庭广众之下进行那次电话试验的人。

后来巴切罗和爱迪生一道，共同管理在"哥伦比亚"号轮船上安装的爱迪生第一套商用成套照明发电装置。这艘轮船绕过合恩角[①]开往加利福尼亚，在驶过特拉华湾时，船上灯火一片辉煌。

巴切罗和爱迪生，有很深的友谊。

巴切罗对特斯拉说："我给你一封推荐信，你带给爱迪生，他会立即用你。"

巴切罗当即拿出纸笔，匆匆为特斯拉写下这封"具有历史意义"的推荐信。

亲爱的爱迪生：

我认识两个伟人，一个是你，另外一个就是这位年轻人。特斯拉来美国，是因为他在德国，我相信还有在法国的交流电机实验都没有成功。他相信只有一个人可以帮助他完成这个实验，那就是托马斯·爱迪生。

特斯拉和巴切罗紧紧拥抱，彼此都感应到了"电流"。这种"电

① 合恩角是智利南部合恩岛上的陡峭岬角，位于南美洲最南端，以1616年绕过此角的荷兰航海家斯豪滕（Willem Corneliszoon Schouten）的出生地霍恩命名。合恩角是太平洋与大西洋的分界线。

流”，是世上少有的知音才能感觉到的。

巴切罗自以为他十分了解爱迪生，因此替特斯拉写了这封热情洋溢的推荐信，介绍这两位天才互相认识。可是后来的情况证明，巴切罗对爱迪生的了解，并不如他想象的那样深。

特斯拉凭着这封推荐信，冲上了火车，又说动了船长，登上了当夜开船的“萨杜尼亚”号。

就要见到爱迪生了。特斯拉的激动促使他在大西洋上昼夜难眠，仿佛他是握着通往天堂的船票似的。

追上飞去的太阳

1856年7月9—10日之间，在雷电交加的午夜，特斯拉出生在克罗地亚斯米湾村一个塞尔维亚族家庭。村庄是用山上的花命名的，他出生的房子坐落在森林和教堂边。从此，特斯拉就与闪电结下了不解之缘，终其一生都与“电”纠缠在一起。

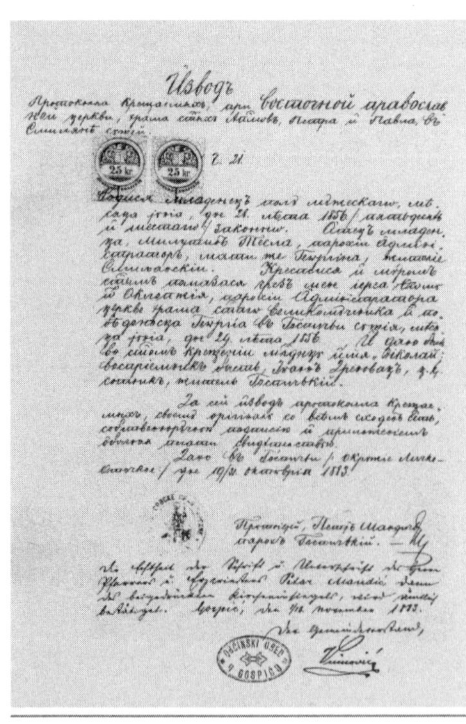

特斯拉的出生证明

特斯拉的父母都是塞尔维亚人，他是家中五个孩子中的老四。

特斯拉出生时，哥哥丹尼尔已经7岁。特斯拉从小就感觉到，父母把所有的爱，都给了哥哥。

丹尼尔才华横溢，“我有一个天才哥哥。他平凡的身躯如何能拥有如此不平凡的天赋，是一个谜”。可惜，在特斯拉5岁时，丹尼尔就死于骑马意外，时年只有12岁。

这匹骏马是一位好友送给特斯拉一家的，全家都很疼爱它。

这匹漂亮的马，具有人的灵性。它曾经在狼群出没的深山里，救过特斯拉父亲的生命。

那是一个寒冷的冬夜，有人非常着急地找特斯拉的父亲去做法事。在经过常有狼群出没的山林时，马匹受惊之后狂奔离去，他父亲被重重地摔在地上，昏迷过去。

这匹马在跑回家中时，已经是精疲力竭。然而，在向家人发出遇到事故的警报之后，它又立即冲回了事发地点。

那时，不知自己在雪地里躺了几个小时的父亲已经恢复了意识。这匹马，就把他驮了回来。

回家的路上，他们遇见了正在搜救的人们。

这匹阿拉伯骏马救过父亲的命，却意外地将丹尼尔踢死了。

安葬丹尼尔的时候，家人放声痛哭。“时隔多年，我依旧忘不了当时的情景。在我的印象里，哥哥实在是太出类拔萃了。无论我付出多大的努力，在他面前，都好像萤火在皓月面前。”

哥哥的去世，让特斯拉的父母从此再也笑不出来了。

为了安慰父母，特斯拉尽量让自己把一切都做到最好。可无论他做什么事情，做得再怎么好，也不能缓解父母的痛苦，相反，他们愈发思念丹尼尔。

幼年时的特斯拉非常没有自信。“我做得再好，只不过使我父母对他们的沉重损失倍感伤心。因此我越长大越对自己失去信心。”

“8岁以前，我很脆弱，性格也非常优柔寡断。那时我既没有勇气也没有能力去塑造坚定的决断力。我的情绪波动很厉害，而且总是从一个极端到另一个极端。”

哥哥的猝死，使特斯拉整夜活在恐惧之中，梦里梦外，都是幻象。

“由于出现幻象，我在儿时有过一段奇怪而痛苦的经历。这种感觉让我万分难受和焦急。我很清楚地知道，这种情况也曾发生在我哥哥身上。”

为了摆脱这种恐惧，特斯拉主动地去想象自己在另外一个地方生活，那里的人，对他非常友好，而那些场景就像真实存在一样，非常的清晰。

他的意识在外面遨游，住在一个陌生的地方，认识了很多非常亲切的人，跟他们交谈。

“出于本能，我开始摆脱我所熟知的小天地，开始我的思维旅行，我看到了从未见过的新景象。起初，这些新景象非常模糊，很难辨认，每当我把注意力集中到这些新景象上时，它们总会突然消失。然而，渐渐地，它们也会变得更清晰，我脑海中的图像，都恍如真实发生过一样。”

幻象，不时地涌现在大脑里。

“很快地，我发现，我从这种天马行空的想象中得到了极大的乐趣，于是，我开始享受这种旅行——思维的旅行。每个晚上，有时也在白天，当我独自一人时，我就开始旅行，游览新的地方，来到新的国家和地区，居住在不同的城市，了解当地的生活，结交新的朋友。令人无法置信的是，他们对我真诚且友好，与他们相处就和与现实生活中的人打交道一样，他们的音容笑貌是如此亲切，他们所有人都生活悠闲，与世无争。17岁以前，我一直都是这样生活的。这样的旅行，一直持续到我17岁，从那时起，我开始全身心地投入到发明创造中。”

8岁之前，特斯拉害怕生死，敬畏神灵，承受不了生命中的苦痛。他迷信，整天担惊受怕。后来，他的性格因为阅读“突然间发生了巨大的变化，甚至改变了整个人生道路”。

父亲有一个很大的藏书室，他每天都宅在藏书室里阅读。

特斯拉“最大的爱好就是读书”，他热衷于阅读各种书籍。他的大脑，像照相机一般，能记下整本书的内容。

父亲禁止他点蜡烛，怕他通宵读书，损伤眼睛。每当父亲发现他在烛光下偷看书时，就会把他的蜡烛藏起来。但是这难不倒他，他会找到牛油做灯芯，粘好后把它们放到一个密封的锡器中，到了晚上他就会找东西遮住书房漏光的门缝和锁眼，开始掌灯夜读，一直读到天色泛白。

其中有一本书改变了他脆弱和优柔寡断的性格，那是匈牙利著名作家约西卡的小说《阿奥菲》，他看的是一部塞尔维亚语的译本。“不知道为什么，这本小说唤醒了我沉睡的意志力，从那时起，我开始有意识地练习自我控制。”

“最初，我的决心很快就会动摇，就像四月雪一样。但没过多长时间，我就克服了自己的弱点，终于可以按照自己的意志做事情了，这让我感到了前所未有的快乐。慢慢地，我开始适应这种自我控制的心理训练，并养成了不自觉的习惯。一开始，我会经常压制自己的爱好。然而，逐渐地，我可以将个人爱好与意志控制结合起来。这样过了几年，我不仅可以完全控制自己的意志，甚至可以以游戏的心态控制自己的爱好。”

特斯拉认为，他能成为一名发明家，要归功于少时自己对自己意志力的培养。

特斯拉的父亲穆鲁丁·特斯拉，是一位东正教神父。所以，从特斯拉出生起，家人就想让他将来也做一名牧师。

特斯拉的父亲是一个非常博学的人，身兼自然哲学家、诗人、作家。有着与亚伯拉罕·阿·桑克塔·克拉拉[①]同样好的口才。记忆力惊人，经常用不同的语言将经典著作大段地背诵下来。他曾经开玩笑说，假如一些经典著作绝版了，他完全能够仅凭记忆全部默写出来。受到大家赞誉的，还有他的写作风格。他的文风简洁明快，深刻犀利。他幽默风趣的言谈也总能让人感觉耳目一新。

“我父亲是一个非常博学的人，他给我的培养和训练，多种多样，包括提炼别人讲话的中心思想、心算和重复朗诵大段的诗词。”

---

① 亚伯拉罕·阿·桑克塔·克拉拉（1644—1709），德国作家、演说家。早期在讲坛上获得巨大声誉，1669年被任命为维也纳宫廷传教士。他说话声音洪亮而温和，幽默而风趣。

父亲对特斯拉进行这些训练，是为了锻炼他的记忆力，增强他的推理能力，特别是提高他的分析判断能力。他以后取得的成就，很大程度上也得益于这些训练。

特斯拉的母亲杜卡·曼迪奇是一位塞尔维亚东正教神父的女儿。她16岁那年，家乡发生了一场恐怖的瘟疫，疫情席卷了整个地区。有一天，她父亲被叫去给将要去世的病人授临终圣餐礼。这时，邻居家也有人染上重病，奄奄一息，但是父亲出外做法事，不知什么时候回来。勇敢的她，一个人来到邻居家帮忙。最终，邻居一家五口还是相继病亡了。她帮逝者沐浴更衣，安放好他们的遗体，并依照当地习俗摆好鲜花。一切准备就绪之后，父亲回到村庄，惊讶地发现，她已经完成了一场基督徒葬礼应有的所有准备。

特斯拉母亲的家族里有好几位发明家。比如她的父亲和祖父，为了家庭生活、农业生产等，曾发明了很多生产和生活工具。

在家中，特斯拉的母亲也非常擅长发明和制作各种家庭手工工具和设备。她亲自播种、培育农作物，并从中提取有用的纤维，然后用自己纺出的棉线编织精美的图案。哪怕到了60岁以后，她的手指依然灵巧自如，甚至能够在一根眼睫毛上打三个结。她发明了各种小玩意儿，包括史上第一个打蛋器。

可以说，特斯拉发明创造的能力，更多来自于母亲的遗传和影响。

特斯拉母亲发明的织布机

特斯拉说："我的母亲是高超的发明家，我深信，如果她不是待在家中，与现代生活隔离，如果能有更多机会接触外界，她一定能发明出很多伟大的东西来。"

特斯拉认为，母亲绝对配得上"伟大女性"这一称呼，她拥有非凡的能力，性格上坚强勇敢、刚直不屈，她一生经历了很多艰辛与苦难，而她一直勇于面对生活中的各种风雨和挫折。

1862年，在特斯拉6岁时，他家迁到了附近的戈斯皮奇市。他进入小学，第一次看到许多机械模型，其中包括水轮机。他把其中许多种机器都仿造了出来，而且兴高采烈地把这些机械开动起来。

他读到一篇描写尼亚加拉大瀑布的报道，被深深吸引住了。他对尼亚加拉大瀑布完全着了迷。“我眼中的影像经常伴有强烈的闪光，使我无法区分所看见的究竟是真实还是虚幻。我脑海中出现了一幅水轮被瀑布推动的画卷。”

在他的脑海里，诞生了一台被奔腾直下的水流推动的巨大水轮。

他告诉叔叔：“有一天我一定要去美国，实现这幅图景。”

那时孩子们的出路主要是两条：一是从军，二是做神职人员。但特斯拉对这两样都没有兴趣。父亲很失望，因为在他父亲给他规划的人生中，牧师是不二选择。

特斯拉想做一名工程师，而父亲非常固执，执意让他当牧师。

镇上，有一位商人买了一辆新消防车，组织了一支消防队，还给每位消防队员发了一套制服，并且每天组织消防队进行严格训练，准备举办一次检阅仪式。

一天，红黑相间的消防车被运到河边，准备开始正式的检阅仪式，全镇的男女老少都跑来看热闹。

所有的演讲和仪式结束之后，组织者下令消防车表演喷水，不料喷水枪滴水不出。

虽然现场有很多专家和教授，但他们一直没能排除故障，急得团团转。

8岁的特斯拉，根本不懂什么机械装置原理，但他本能地猜到，肯定是空气压力出了问题。所以，他跳进水里，在水中找到胶皮管，发现果然是胶皮管脱落了。在水中摸索了一会儿后，他将胶皮管重新插好，故障马上就被排除了，水哗哗地喷了出来。

很多身穿漂亮衣服的人们，都被淋得浑身是水，但他们笑逐颜开。

特斯拉造成的轰动，一点也不输给为国王鉴定出王冠掺银的少年阿基米德[1]。消防队员们把特斯拉扛在肩上，兴高采烈地欢呼。仿佛他已变成了一名盖世英雄。

10岁的特斯拉进入一所文理中学就读。这家中学是新成立的，教学设备非常完善，物理部的装备尤其好，有各种各样经典的教学装置，比如电学设备以及机械仪器。老师进行的各种实验，让他入迷。毫无疑问，它们激起了他强烈的发明、创造的欲望。

解决消防车故障的事件让特斯拉大受鼓舞，让他真切地认识到，真空状态确实能带来无限的可能性。他迫不及待地想驾驭这种神奇的力量，简直到了如痴如醉的地步。

在文理中学的第二年，他开始沉醉于利用持续不断的空气压力和真空产生连续运动的这个想法。“无论如何，我的全部心血都倾注到这一项发明上了。有了这项发明，我就能够做出任何人都不敢做的事情。”

他设想出一个圆柱形的装置，装上两个轴承，就可以在轴承的作用下自由旋转。圆柱形的一部分套着一个精密配合的矩形槽，槽的开口一侧用一个隔板封上，圆柱体被隔板分隔成两部分，中间有不漏气的滑动接头将其完全分开。这两部分中的其中一部分完全封闭，只要把里面的空气彻底抽空，另外一部分就会自动敞开，这样圆柱体就能不停地旋转。

于是，他按自己设想的样子制作了一个木制模型，并按设计原理仔细地把它安装到气泵的一边。

“让我惊喜的是，圆柱体果然能轻微转动，我真是开心极了。”

特斯拉还想尝试飞行，他曾经撑着一把雨伞从屋顶往下跳，想要飞起来，结果却重重地摔在地上。

---

① 阿基米德用浮力原理测定出了皇冠中掺假：浸在液体中的物体受到向上的浮力，其大小等于物体所排出液体的重量。这个原理定量地给出了浮力的大小，是流体静力学的基本原理之一。

“小时候，我每天都希望自己能够腾云驾雾，穿越云层飞到遥远的地方，但是始终不明白究竟怎样才能办到。后来，我有了具体的办法，而且制造出了实物模型，接下来我要制作一架飞行器，什么也不用，只要一根转轴、一双可拍动的翅膀以及极高程度的真空。”

“从这个时候起，我每天都驾着一辆舒适豪华的车子遨游苍穹，那派头连所罗门国王[①]也会引以为荣的。”

后来，特斯拉到克罗地亚卡尔洛瓦茨的一家高中继续上学。那个地方地势低洼、布满沼泽。不久，特斯拉得了一场重病，险些丧命，境况十分危急，连医生都对他不抱希望了，但他仍然坚持读书。

有一天，当地的公共图书馆到了几本新书，他借了这些书。

躺在病床上的特斯拉被这些书彻底迷住了，完全忘记了自己身患重症。这几本书都是马克·吐温的早期作品。

“我觉得是这些书给我带来的愉悦感，让我的身体神奇地康复了。”

高中时，他经历了一次又一次的病痛折磨。虽然已经服用了大量的奎宁，但他还是摆脱不了疟疾和发烧。他承受着奇怪的痛苦，炫目的闪光伴随着幻象时常会出现在他眼前。

“有段时间，我的眼前会浮现出一些画面和景象，常常伴随着强烈的闪光。那些在我眼前经常出现的景象，并不是我自己幻想出来的，而是我曾经真正见过的。”

“当我听别人说到某个词时，我的眼前就会清清楚楚地浮现那个词的相应景象，以致我有时都无法判断出现在自己眼前的事物是真实的还是幻象的。这些对我的思想和行为产生了很大的影响……”

大多数时候，仅仅听到一个词，他就能想象出这个物体的具体细节。

那时候，特斯拉的父母仍然坚定地想让他子承父业做一名牧师，一想到未来，他就万分恐惧、难以接受。

实际上，在学校物理学教授的启发下，他已经对电产生了浓厚的

---

① 古代以色列的第三代王，将古代以色列引向繁荣巅峰。

兴趣。那位物理学教授具有很强的创造力，经常自己制作装置，给学生论证一些物理学原理。

我记得，他曾经制作过一个球状物，外面用锡纸包裹，可以自由旋转。只要与静电起电器相连接，那个球状物就会迅速旋转起来。我亲眼看见了他的试验所带来的神奇现象，这让我激动不已，心情久久不能平复。看到的每次试验都会在我的头脑中一遍遍回放。我极度渴望能深入了解电的神奇力量，渴望终生从事与其相关的试验研究工作。

17岁的特斯拉面临着高中毕业后进神学院的安排。他心情沉痛，不得不面对现实。

就在他结束高中学业，准备赶回家乡时，父亲突然要他去狩猎。几天之后，他才了解到，家乡霍乱正猖獗流行。在家乡，霍乱经常发生，差不多每隔15—20年就会爆发一次。

他担心父母的安危，急匆匆赶回家。到家当天，他就染上了可怕的霍乱。

他在病床上躺了足足9个月，几乎不能动弹。在他生命弥留之际，脸色苍白的父亲冲进了他的房间。虽然父亲极力掩饰内心的焦虑，尽力安慰着他，但特斯拉听得出父亲紧张得连声音都变了调。

特斯拉奄奄一息地对父亲说："如果你答应让我学习工程技术，我也许能不死，还能好起来。"

父亲抓住他的手说："我送你去世界上最好的理工学院。"

特斯拉撑过来了，如同《圣经》中的拉撒路[1]，最终仍被耶稣救活。特斯拉很快康复了。他像换了个人似的，让所有人都惊奇不已。

---

① 拉撒路（Lazarus）是《圣经》中记载的人物，他病危时没等到耶稣的救治就死了，但耶稣一口断定他将复活，4天后拉撒路果然从山洞里走出来，证明了耶稣的神奇。

因为感染霍乱，特斯拉的人生，在死神面前，得以彻底改变。

在当时，不进神学院，就要服兵役三年。特斯拉身体不好，根本不可能服兵役。因他祖父家出过军官，利用这层关系，他便以身患疾病为借口躲过了兵役。

父亲坚持让他到山区过上一年，在那里野营爬山，加强户外体育锻炼。于是，他背着一捆书和必需的户外装备，来到克罗地亚的山区，开始了游历之旅。亲近大自然，不仅可以强身健体，也能够激发他的想象力。

每天走在山路上，层峦叠嶂的山，使他的想象力飞跃了。

那一年，他思考、计划、构思了很多天马行空的创意。他构思过一个方案，希望在海底铺设管道，通过一座水泵站将水压压进管道，借助水流的力量，达到信息传递的目的。他对这座水泵站进行了精确计算和设计，并努力完善各种细节，但栽在了一个小地方上。他假定海底的水流为任意速度，并且更偏向于无限提高这个速度，通过精密准确的运算，使装置取得完美的效果。但是，思索良久，他还是无法解决管道对水流的阻力问题，最终不得不放弃了这项计划。

他的另一个想法是环绕赤道修建一座庞大的架空环圈，让它自由悬浮在空中，再利用某种反作用力阻止环圈旋转，整个环圈就可以按照与地球相同的速度自由旋转。这样一来，旅行的人们就可以登上环圈，以每小时1000英里的速度绕地球飞行，这是火车无论如何也达不到的速度。

他还有一个更有意义、更有吸引力的想法，那就是通过地球自转获取能量。他注意到，由于地球自转带来昼夜交替，其表面物体的运动方向与水平方向时而相同，时而相反。这一方向的改变引起了巨大的能量变化，如果能够用一种简单可行的方法将那些能量收集起来，并将其作为动力提供到地球上任何可居住的角落，那该是多么巨大的能量。

特斯拉沉浸在发明创造的幻想里，脑海中经常浮现出种种异常奇异的景象。

他惊奇地发现，“我这种极高明的想象能力，终于有了用武之地——完全不需要模型，不需要绘图，也不需要实验，单凭想象就可以在脑海中将所有细节看得一清二楚，和真的一模一样”。

后来特斯拉的发明创造都依靠这种视觉思维：充分利用想象力，完全不需要任何模型、图纸或者实验，就可以在脑海中把所有细节完美地描绘出来，和实际情况没有丝毫差别。

1874年，特斯拉18岁。这是充满梦幻与狂想的一年，虽然不切实际，但他充满斗志。

在山里休整了一年，1875年，特斯拉进入了奥地利的格拉茨理工大学，学习物理学、数学和机械学。这所历史悠久、声名卓著的大学，是父亲专门为他挑选的。这是他期待已久的时刻。

有父亲的教育和他以前的各种历练，他的起点远远超过其他同学。他掌握了几门语言，可以阅读几座图书馆中的许多书籍，从中获得了大量信息。

第一学年他获得“军事边境当局”发给的助学金，不必再为经费担忧。他决心一年完成两年的课程，物理、数学和机械学是他的主攻方向。

他下定决心要给父母一个惊喜。第一学年，他每天埋头苦读，从凌晨3点开始学习，一直到晚上11点，周末和节假日也不例外。

那一学年，他通过了9门考试，教授们都认为他的成绩已经远远超过了最高标准。

放假后，他拿着“辉煌”的成绩单回到家中，希望父母能以他为傲。但是，让他失望的是，父亲对他辛辛苦苦取得的荣誉毫不在乎。出类拔萃的成绩单，得不到家人的认可，让他很失落。

这件事让他备受打击，差点为此放弃了理想，直到父亲去世之后，他在一个包裹里发现了教授写给父亲的信。

教授在信上写道：“特斯拉太用功了，除非家人能带他离开学校，否则他很可能会因为过度劳累而丧命。”

这封信消除了他对父亲的误解，同时也让他每每想起父亲就热泪盈眶。

第二学年回校时，“军事边境当局”撤销了助学金，失去了助学金，单靠一个牧师的薪金根本无法负担昂贵的学费。特斯拉交不起学费，只好等到学年结束去退学。他尽量利用有限的一点点时间，开始琢磨起能代替直流电机的机器。

在一位讲授理论和实验物理学的德国教授波埃希尔的引导下，特斯拉很快被电学的魅力深深吸引。“我想了解关于这种神奇力量的所有知识，每一个电火花都在我脑中激荡起千万个回响。”

1831年，英国迈克尔·法拉第发现了电磁感应效应，由此发电变为可能。早期的电动机是靠直流电驱动的。它需要一个放电触点连接系统来制造旋转效果。

波埃希尔教授是一位条理清晰、理性务实的德国人，他所做的实验极其精确，没有丝毫误差。一天，一台从巴黎运来的格雷姆动力机被送到学校，这台机器有马蹄铁式的叠片磁铁，有用金属丝缠绕的、装有整流器的电枢。连接之后，它就能展示电流的不同效果。

当波埃希尔教授操作时，这台机器冒出了大量火花，电刷发生了故障。于是，特斯拉大胆地向波埃希尔教授提议说：“现在的发电以及电动机，如果改用交流电的话，将会有极大的改进空间，可以对机器的设计作些改进，拆掉磁铁和电枢也可以让电机运转。方法是取消整流，改用交流电。”

让特斯拉尴尬的是，波埃希尔教授在课堂上当着同学们的面，毫不留情地反驳说：“也许将来，特斯拉可能干出大事业，但是仅就这一点而言，我敢断定，永远都无法实现。这等于将万有引力一样的永恒拉力转化成一种旋转力。这是永动机的概念，这是痴人说梦。”

自从教授把特斯拉的想法判了“死刑”，他就开始在脑海中想象直流发电机，想象它运转起来的样子，并观察电枢中电流的变化。接下来他再想象交流发电机，然后按照相同的研究方式来进行观察和改进。

最终，他构想了一个既有电动机又有发电机的系统，并让这两部分分别以不同的方式运转。对他而言，在他头脑中构思的图像都非常真实，跟实际看到的装置没什么差别。

在格拉茨理工大学求学的最后一段时间里，他一直在进行这项高强度的研究工作，但一直没取得成果。后来，他几乎要放弃了，觉得问题确实无法解决。

年轻的特斯拉不知道如何做到这点，但是他本能地预感到，答案已经藏在他头脑里的某个地方了。他暗下决心，找不到解决的方法就不罢休。

在接下来的一年中，他对生活的认识发生了很大的转变。他突然意识到，父母已经付出了太多，要下定决心减轻他们的负担。于是他办理了退学手续。

1877年，他离开格拉茨，前往斯洛文尼亚的马里博尔，成为一名助理工程师。

他的父亲一直劝他完成大学学业，并且为他选了布拉格大学的查尔斯—费迪南德大学分校，那里的学费，相对低廉很多。

1878年，特斯拉去了布拉格，希望能完成父亲的心愿，在那里完成大学学业。

在布拉格，他的研究取得了非常重大的进步。他把整流器从发电机上拆了下来，从一个新的角度观察发生的现象，虽然没有获得成果，但对电机的感知已经提升了许多。

尽管布拉格大学的学费比格拉茨理工大学减少了许多，但对于收入微薄的父亲来说，依然太昂贵了。

1879年，特斯拉只读完一个夏季学期，父亲就去世了。

父亲的去世，使特斯拉很愧疚。面对已逝的父亲，他明白了，父亲为了供他上大学，一直隐瞒着病情，不肯花钱治疗；他明白了，沉重的学费，给父亲带来了巨大的压力，使他的父亲早逝。

他不再留恋大学，也不要什么学位，毅然离开了学校。

这时，美国掀起的电话浪潮刚刚影响到欧洲大陆，消息传来，匈牙利的布达佩斯也要设立一个电话局。对特斯拉而言，这是难得的发展机会，于是他直奔布达佩斯，他父亲的一个朋友是电话公司的负责人，给他找了个制图员的职务。

1880年，特斯拉来到布达佩斯，在匈牙利中央电报公司负责新设备的数据计算、设计和评估等工作。在那里，他继续构想交流电机，到了夜不能寐的程度。

我一直被这个问题折磨了好几年。为了寻找答案，我整个人差一点就完了。我的大脑每一根纤维都绷得很紧。然后一件难以解释的事情出现了，我坐在屋子里，可以听清三个房间以外的时钟在滴答作响，一只苍蝇落在桌上发出缓慢、沉重的声响，我的前额有了一种蠕动的奇特感觉，我觉察到黑暗里的一个物体的奇特存在，太阳光在我头脑里引起可怕的轰鸣，几英里外的一辆马车驶过，让我浑身剧烈发抖。紧接着各种构思如强光一般一闪而过，并且在瞬间证明了它的真实性，那是一种令人疯狂的快乐。各种思想如奔腾的洪流，让我无法跟上它们的节奏。为了避免这样的折磨，我长时间地在公园中散步。

在布达佩斯，特斯拉日思夜想着交流电，他的视觉和听觉变得异常敏感。他的脑子里一直想着那个令他寝食难安的交流电机问题。当他考虑这个问题时，他与普通人的想法完全不同，一般人只是一心想获得成功，但对他而言，“这是一个神圣的誓约，是一个生死存亡的问题。我知道，如果我失败了，我就会粉身碎骨”。“但事实上我已经感觉到了，我能打赢这一仗。我已经想到了问题的解决办法，在我的脑海深处已有了答案，但我还不能将它表达出来。”

1882年的一天傍晚，太阳正在落山，特斯拉与朋友西格提在布达佩斯街心公园里散步。

西沉的夕阳，使他想起了歌德《浮士德》中的一节壮美的诗句：

落日西沉，白昼告终，
鸟飞兔走，又促进新的生命流通。
可惜我没有凌空的双翅，
追上飞去的太阳。
……
白昼在前，黑夜在后，
天空在上，波涛在下。
一场美丽的梦，太阳已经远去。
唉！肉体的翅膀
毕竟不易和精神的翅膀做伴。

当他体味着歌德的壮美诗句——“白热消退，留下的是疲惫的世界，它继续自行它的轨道，不断升腾的轨道”时，突然灵光一闪，就像一道闪电击中了他。

特斯拉正在挥动的胳膊，在半空中突然停住了，好像突然中电而不能动弹，他发现了旋转磁场！①

思想，像一道闪电涌现，顷刻之间，真理揭示在面前。

特斯拉发现旋转磁场，瞬间觉得整个宇宙是由一曲交流电的交响乐组成的，到处洋溢着以广阔的八度音域奏出的和弦。60周/秒的交流电不过是低八度音的单个音符。在高八度音当中，有一个达到每秒几

① 旋转磁场，是在空间以固定频率旋转的一种磁场，是交流电机气隙中的磁场，因其沿定、转子铁心圆柱面不断旋转而得名。旋转磁场是电能和转动机械能之间互相转换的基本条件。

十亿周的频率，这就是可见光。他觉得，对低频交流电和光波之间的整个电振动范围进行研究，会使他进一步了解宇宙的交响乐。

他突然想到了问题的解决方法，于是马上找了一根树枝，在地面上画起图来。

他脑海中浮现的图像，就像现实生活中的金属和石块一样具体、生动、实实在在。

他一边画图，一边兴奋地对世界说："看我这台电动机，我要叫它反过来转。"

他沉浸在狂喜中，那种激动简直无法形容。

"我想希腊神话中的皮格马利翁[①]看到自己的雕像获得生命之时的狂喜也不如我当时的感受强烈吧。就算我碰巧发现了上千个大自然的秘密，我也不稀罕，情愿用它们来换取这个发现。为了这个发现，我实在经历了太多的艰难困苦，甚至面临过死亡的威胁。"

这个在特斯拉脑中终于"落地"的高频交流电机，不是一种新式电动机，而是一个全新的系统，特斯拉想到了两个或两个以上互不同步的交流电产生旋转磁场的原理。他创造了由不同步电流产生的磁力旋流，因而整流器（使电流换向的装置）以及为电流提供通路的电刷都不必要了。

特斯拉想到了在旋转中产生能量的办法，他意识到可以通过分段绕线的方式来制造一个旋转力场，就像气缸中的活塞那样，可以在一拉一推间，保持磁场里的导体周而复始地往复运动，使电力化为圆周运动。而这个设想必须要靠交流电来实现。这个创意很快就会带动全世界的工业运转。

---

① 皮格马利翁是希腊神话中的塞浦路斯国王，善雕刻。他不喜欢塞浦路斯的凡间女子，决定永不结婚。他用神奇的技艺雕刻了一座美丽的象牙少女像，在夜以继日的工作中，皮格马利翁把全部的精力、热情和爱恋都给予了这座雕像。他像对待自己的妻子那样抚爱她，装扮她，为她取名叫加拉泰亚，并向神乞求让她成为自己的妻子。爱神阿芙洛狄忒被他打动，赐予雕像生命，并让他们结为夫妻。

转瞬间，两年过去了。两年来，他一直过着朝不保夕的日子。

一个28岁的移民，满怀朝气和梦想，在“萨杜尼亚”号船舱上写下：“我怀着最热切的雄心与渴望来到美国，期待着与伟大的爱迪生见面。”

他在船上，看着新大陆渐渐出现在眼前，他感觉到，自己长出一双“凌空的翅膀，追上飞去的太阳”。

与爱迪生面对面

1884年6月6日，特斯拉踏上了新大陆，口袋里只有4分钱。

曼哈顿城堡公园移民局，有一座雇工楼，凡是新来的人都要在这里登记，然后被分派到劳工队，发配到铁路、矿山、工厂或者牲畜场，从事一天13个小时的苦役。

特斯拉没有进雇工楼的大门，他的口袋里装着一封爱迪生欧洲合伙人——查尔斯·巴切罗的推荐信。

除了查尔斯·巴切罗的推荐信外，他几乎一无所有。

特斯拉向一位警察打听了地址，冲上了纽约的街道，直奔位于戈尔克街的爱迪生机器厂。

特斯拉走进爱迪生的厂房，走近爱迪生的办公室时，首先听到的是爱迪生对着电话的叫嚷声。

特斯拉在办公室的门外，终于看见了自己的偶像爱迪生。他对这个出色的男人充满了敬意与好奇。

托马斯·阿尔瓦·爱迪生，37岁，头发已经花白，穿着一件方格花布罩衫，纽扣一直扣到下巴。

这是一个闷热的下午。第五街万德比特楼房的壁板后面，有两根电线相交引起火灾，将房子烧着了。火虽然被扑灭了，但是因这次受灾而勃然大怒的万德比特太太，在得知了问题的原委（地下室里有一台蒸汽机和锅炉）之后，坚决要求爱迪生把整套设备撤走。

爱迪生为万德比特太太派去了一个修理组。然后拿起咖啡杯，喝了一大口凉咖啡。

电话铃又响了，爱迪生拿起听筒。“俄勒冈”号轮船的船舶公司经理一定要爱迪生说清楚，他是否已安排人来抢修他们照明用的发电机。轮船已经推迟几天不能起航，眼看就要亏损一大笔钱。

爱迪生一阵犹豫，他已经没有工程师可派了。

但是爱迪生还是答应了船舶公司经理：“我马上派一位工程师过去。”

爱迪生刚刚挂了电话，一个气喘吁吁的男孩猛地冲进来，报告说安恩和纳萨两条街漏电了。

这位男孩绘声绘色地说：“有一个收旧货的人骑马经过，连人带马被电到空中，人们看到马在空中飞舞。”

爱迪生冲着手下的工头吼道：“立即找一帮人来！切断电流，把漏电的地方修好！”

19世纪70年代晚期，纽约就有了电力。

与人们通常的认识恰恰相反，电灯的最初发明者并不是爱迪生，他只是改进了电灯。

1801年，英国化学家汉弗里·戴维在实验室中用铂丝通电发光。1810年，他又发明了用两根通电碳棒之间发生的电弧来照明的“电烛”，这是电灯的最早模样。

另一位英国电技工程师约瑟夫·斯旺，经过近30年的研究，终于在1878年12月制成了以碳丝通电发光的真空灯泡。

有关斯旺的电灯泡报道，给了爱迪生很大启发。1879年10月，爱迪生终于成功制成了以碳化纤维作为灯丝的白炽灯。爱迪生称之为“碳化棉丝白炽灯”。

1881年，在巴黎世博会上，爱迪生展出了一台重27吨、可供1200只电灯照明的发电设备。

1882年，爱迪生得到了金融家J. P. 摩根的资助，在金融区旁开了家自己的直流电力能源公司，设立发电站和输电网等相应基础设施，很快使电灯在美国普及使用。

特斯拉在刚刚见到爱迪生的这几分钟里，就见证了三起与电有关的事故。

特斯拉后来回忆这个时刻："电力在当时是新生事物，没有多少人了解它。人们有一种恐惧情绪。经常发生火灾，让马匹受惊，敞开蹄子飞奔。那对爱迪生是段难忘的时光。我对与爱迪生的见面充满了期待。这是个用白炽灯给世界带来变革的伟人。我迫不及待地想告诉他，我的关于交流电机的一切设想。"

爱迪生看见一个高瘦的人影在他的办公室外徘徊。

他让特斯拉进来。

特斯拉走进办公室，报过姓名，拿出了巴切罗先生的推荐信。

爱迪生接过巴切罗的介绍信。看完信后，爱迪生打量着特斯拉，目光闪耀着过人的旺盛精力。

爱迪生好奇地问："伟人，你能做什么？"

为了这个时刻，特斯拉在船上，已经排练了无数次。

特斯拉这样记录那个时刻的心理活动："我对这个出色的男人充满了敬意与好奇，他并没有什么先天优势，后天也没有受过良好的科学教育，却取得了如此巨大的成就。而我学习了十几种语言，阅读过各种文学和艺术作品，还利用最好的时光在图书馆翻阅各种资料，从牛顿定律到保罗·德·科克的小说，可以说是无所不读。然而，我一直认为自己浪费了大量宝贵的时间。"

特斯拉向爱迪生介绍他在法国和德国为爱迪生公司办过的事情。爱迪生喝着咖啡，饶有兴趣地听着。不等爱迪生回答，特斯拉就刻不容缓地谈起了交流感应电动机。

他在爱迪生公司法国总部就领教了爱迪生公司人员对交流电的态度。他知道爱迪生的体系都是建立在直流电基础上的。任何有关交流电的想法，都是对爱迪生的侵犯。可他还是大胆地建议："直流电的麻烦是，不能变压。输出的电压是多少，就是多少。如果输出过高，另外一端的灯泡就会全部烧掉。"

爱迪生放下咖啡杯，脸色大变。

特斯拉一语道出直流电的弊端："如果直流电想远距离传送，就需要我胳膊这么粗的电线。"

爱迪生的手指，不耐烦地敲着桌子："好吧，我们就一英里建一个电站好啦！"

特斯拉一点也不畏惧，他想说服爱迪生："直流电能够正常地带动电机和电灯，但不可能高效地长距离输送。也就是说，直流电不适宜给全球供电。相反，交流电电线细、电压高，适合长距离传送。交流电通过变压，能够解决距离问题。但目前还没有供交流电驱动的电动机。我可以为您建第一台交流感应电动机。"

爱迪生不屑一顾地说："够了！这种东西太危险！"

特斯拉据理力争："这是未来的潮流，谁也挡不住。"

爱迪生一拍桌子，朝特斯拉愤怒地嚷着："我们美国搞直流电就可以了。大家喜欢直流电，我要的，就是直流电。"

刚刚见面，两人之间就已充满了火药味，尽管如此，爱迪生还是愿意雇特斯拉来改进他的直流电机。

爱迪生看着特斯拉："巴切罗是我的好友，他的推荐是有效的，我可以给你找点差事干。你会修理船舶照明发电设备吗？"

"俄勒冈"号是当时最快的客轮，因为两套照明发电机出现故障，它已经推迟几天不能起航。那艘轮船的上层，是发电机系统安装好之后才建造的，所以根本不可能把它从船舱上卸下来。故障很严重，这让爱迪生十分苦恼。

特斯拉当天晚上就携带工具登上了"俄勒冈"号，开始各项修理工作。发电机的问题很严重，有好几处短路和漏电。在船员的帮助下，他干了一个通宵，成功地排除了所有故障。

清晨5点，他沿着第五街步行回到爱迪生工作室，碰见爱迪生和照明公司经理约翰逊正在互相猜体重。

爱迪生打趣说：“瞧，我们的‘巴黎人’整整熬了一夜。”

约翰逊让特斯拉站到体重秤上。

爱迪生摸了摸特斯拉的骨骼，说：“特斯拉体重142磅，误差在一盎司以内。”

爱迪生猜得非常准确。特斯拉当时的净体重刚好142磅。

特斯拉悄悄地问约翰逊：“爱迪生怎么可能如此精准地猜出我的体重?”

约翰逊压低声音，故作神秘地告诉特斯拉：“兄弟，千万别随便泄露出去，这是因为爱迪生在芝加哥屠宰场工作过很长一段时间，每天都要称几千头肥猪。”

爱迪生问起“俄勒冈”号的情况。

特斯拉说，他刚刚把两台机器修好。爱迪生默默地看着他，然后一声不吭地走开了。但爱迪生走出几步远以后对约翰逊说：“他可真是一个好人!”

特斯拉的技术，很快就赢得了爱迪生的信任。爱迪生给特斯拉几乎完全自由的特权，由他全权处理工厂的设计方面的各种问题。

特斯拉照例从上午10点半一直工作到第二天早晨5点。

这种精神使爱迪生不得不承认：“我有过许多勤奋工作的助手，但是数你第一。”

美国人的幽默

爱迪生的“生意”做得很大。他在戈尔克街开办爱迪生机器厂，在第五街65号设立爱迪生电灯公司；而在珍珠街255—257号开设的发电站，则为整个华尔街和东河区供电。

除了珍珠街发电站为纽约富人区的几百座楼房供电照明以外，爱迪生还为全市大小工厂以及剧场单设机器设备供应直流电。他接到越来越多的订单，要求在船上安装照明供电设备。这是特别令人头痛的事情，因为船舶在海上有失火的危险，叫人提心吊胆。

就在这时，特斯拉找到一种办法，能改进爱迪生的原始直流发电机，确保其性能安全。他走进爱迪生的办公室，提出了一个改进直流发电机和电动机的计划，这不但可以改进发电机的性能，而且可以节约大量金钱。

爱迪生一听，心花怒放。但他知道，特斯拉所说的办法非同小可，需要很长时间才能实现。

爱迪生说：“如果你能够成功，我给你5万美元。”

爱迪生与特斯拉，两人的个性差别，从一开始就决定了他们的关系。

爱迪生有一句口头禅：“工商业界无人不偷。我自己就偷了不少。但是我懂得如何偷法。他们却不懂得如何偷……”这里所说的“他们”，指的是西方联合电报公司。他一方面为这家公司工作，另一方面又把一项有竞争力的发明卖给了这家公司的对手。

爱迪生还有一种傲慢的说法：一项发明，是根据赚了多少美元来判断它的价值，别的统统不管。

爱迪生的价值观，多少与他的成长经历相关。

1847年2月11日，爱迪生出生于俄亥俄州米兰镇。父亲是荷兰人的后裔，是一个会木工手艺的农民，母亲当过乡村教师，爱迪生是家里7个孩子中最小的一个。

1854年，发生了一件对他童年影响很大的事。伊利湖南岸沿湖铁路通车，使得米兰运河的商船生意大减。爱迪生父亲的木工屋瓦生意亏本，从此没有办法再维持下去。

一家生活日渐困苦，为了另谋发展，爱迪生一家迁居，离开米兰镇，搬到密歇根州休伦港北郊的格拉蒂奥特堡，开始新的生活。搬到新居不久，爱迪生就患上了猩红热。

1855年，爱迪生开始上学，那所学校只有一个班级，校长和老师都是恩格尔先生。因为爱迪生有刨根问底的天性，在上课时经常问老师一些另类的问题，如：风是怎么产生的？一加一为什么等于二而不是四？仅仅三个月的时间，他就被老师以“愚钝糊涂”“低能儿”的名义撵出学校。

母亲南希是乡村教师，是一个富有教育经验的人，她不认为自己的孩子是“低能儿”，因此南希开始自己教爱迪生。

她发现儿子爱迪生不但不是“低能儿”，反而还时常显出卓越的才华。

小爱迪生经常到邻居缪尔·温切斯特家的碾坊玩。一天，他在碾坊看见温切斯特正在用一个气球做一种飞行装置试验，这个试验使爱迪生入了迷。他想，要是人的肚子里充满了气，一定也会升上天。几天后，爱迪生把几种化学原料配在一起，拿给父亲的帮工迈克尔·奥茨吃，爱迪生告诉迈克尔·奥茨，吃了这种东西，人就会飞起来，结果奥茨在吃了爱迪生配制的“飞行剂”后昏厥过去。爱迪生因此受到了父亲的鞭打。自此，很多小朋友的父母都警告自己的孩子不要与爱迪生玩。

爱迪生只上过三个月小学，之后就再也没有进过学校。他对高学历的科学家，有一种骨子里的排斥。

爱迪生讨厌特斯拉有学问，懂理论，还有很高的文化修养。在爱迪生眼里，特斯拉是一位“科学诗人”，他的思想“辉煌瑰丽但丝毫不切实际”。

爱迪生有一句名言：“天才是百分之一的灵感，加上百分之九十九的汗水。”因为爱迪生总是费尽苦心地通过排除法来处理每一个问题，以此确保自己得到最佳答案。

多少年后，特斯拉针对这种排除法说道：“如果让爱迪生在一大堆稻草里去找一根针，他一定立刻像一只蜜蜂那样，不辞辛苦地一根稻草一根稻草地翻看，直至找到他所要找的东西为止。我自己就亲眼看到他是这么干的。其实我心里明白，只要懂得一点点理论，稍微计算一下，他就可以省去百分之九十的劳动。”

在特斯拉看来，爱迪生根本不是天才。特斯拉认为：“从具有可行性的理论到实际数据，没有什么东西是不能在脑海中预先测试的。人们将一个初步想法反复测试的过程，完全是对精力、金钱和时间的浪费。”

特斯拉心目中的天才是这样的：“事物总是创造于天才的头脑，而非自然。即天才总是在事物真实存在之前就已在头脑中形成了关于它们的清晰图像。”

爱迪生从地图上怎么也找不到偏僻的克罗地亚——特斯拉出生的地方，有一次，他还很认真地问特斯拉：“你是不是吃过人肉？”

爱迪生觉得，这位有才能的外国人给他的直流电系统带来了威胁。他认为，要生产和出售他的白炽灯泡，就不能没有直流电。

就连彗星也有自己的轨道，怀揣不同思想的这两个人分道扬镳是早晚的事。

为了完成爱迪生直流发电机的改进工作，特斯拉发疯似地干了将近一年，在这段时间里，他利用短磁芯和同样的方案设计了24台不同规格的标准机型以替代旧机型。他消除了长芯场磁铁，代以更有效的短芯，安装了自动控制装置，以确保安全。

特斯拉感应交流电动机

24台改装的发电机和电动机，通过测试，完全成了新机器，使爱迪生公司获得了新的专利权和巨大的利润。

1885年4月，特斯拉兴致勃勃地走进爱迪生的办公室，摘下圆顶礼帽，报告自己的业绩，并一本正经地打听，什么时候可以领取之前答应给他的5万美元。这笔奖金，足以让他制成第一台交流电机。

爱迪生眼睛睁得大大的，突然大笑。他嚷着："特斯拉，你太不懂我们美国人的幽默了！"

特斯拉再次感到被耍弄。一年前是爱迪生法国分公司经理那儿，今天是爱迪生本人。

爱迪生本人给特斯拉的伤害是深刻的，因为他对爱迪生充满了尊敬和崇拜。他对爱迪生一直怀有期待。可这个期待，被爱迪生的叫嚷声，彻底撕碎了。

这让特斯拉非常震惊和痛苦，他扬言要辞职。

爱迪生说："科学诗人，看看窗外，到处都是失业的人。找到工作，比找到电源还难。在金融危机的大环境下，能有饭碗就不错了。"

爱迪生答应在给他每周18美元的高薪之外再加10美元。

可爱迪生给特斯拉的打击是沉痛的。他拿起圆顶礼帽，不再理论，阔步跨出了爱迪生的房门。

不被接受的交流电

因在爱迪生公司工作期间的杰出表现，特斯拉在电业拥有了不错的口碑。一位投资商找到他，提议以特斯拉的名义组建一家弧光灯照明公司，他立即同意了。

他原本以为，他的交流电机终于有机会公布于世。然而，当他向投资商提出交流电机想法后，却被否决了。

他们说："不行，我们只想要弧光灯，并不关心交流电设备。"

投资商们对交流电根本不感兴趣，他们只是想研发出实用的弧光灯，为街道和工厂照明，尽快获利。

特斯拉很快开发出了理想的弧光灯，并获得多项发明专利。开发期间，他的工资非常微薄。根据双方达成的协议，他将获得公司股票。

但是，当他研制的弧光灯系统被应用到工厂和市政照明上后，投资商唯恐特斯拉再提交流发电机一事，罢免了他的职务。他被排挤出了公司。

公司只给了他一张印刷精美的股权证，而这对于特斯拉来说，分文不值。

从1885年起，美国的经济就一直十分不景气，身处经济大萧条的特斯拉到处找工作，也找不到一份工程技术工作。

特斯拉没有任何收入来源。从1886年春天到第二年，他经历了一生中最消沉的时期。他在纽约的街头巷尾扛大活，几乎无法糊口度日。整整一年，靠从事繁重的体力活来养活自己，最后沦落到在纽约的地下道里，为爱迪生的地下电缆挖沟渠。

他在日记中写道："饥饿和物质匮乏所带来的痛苦，日益加剧。"

爱迪生工厂的朋友路过工地，惊讶地见到特斯拉挥着铁锹挖沟渠，每个月挣不到2美元，劝他回去，至少爱迪生答应给他28美元。

特斯拉停下铁锹，说："这不是钱的事。这有关良心和道义。我不能和骗子共处。我在这里挖沟渠，内心平静。"

即使是在工地上，特斯拉依然没有放弃他的交流电动机的伟大设想。每到午饭时间，他的脑海里就浮现出一台台逐渐改进的交流电动机。

就因为脑海里的发动机，他忘记了自己身处何地，内心充满了幸福感。

有人说，一生所做的每一件事，都和少年时期有关。特斯拉在工地上，不时想起自己的少年时期。

14岁那年，他和朋友们一起去游泳。他突然想搞恶作剧吓吓他们。他打算先潜水到一个长期漂浮的建筑物下，然后趁他们不备就溜到对面去。他有着鸭子一样的高超泳技，完全相信自己可以吓到他们。于是，趁大家不注意，他深吸一口气，调转方向，朝建筑物迅速游了过去。

他本来以为漂浮物是安全的，能让他休息一下，但没想到，他从水里出来的瞬间就撞到了建筑物上的一根横梁。不得已，他只能再次潜入水中，继续向前游去。然而，当他第二次试图浮出水面时，他的头又一次碰到了梁木。特斯拉很绝望，没办法，他只能拼尽全身的力气奋力一搏，但第三次尝试的结果还是一样。

因为缺氧，他已经开始眩晕，身体也开始一点一点地往下沉。此时此刻，他已经到了崩溃的边缘，然而，就在这一刹那，他看到一道蓝色的闪光，头顶这个建筑物的结构图忽然出现在他的脑海之中，他确定水面和架在横梁上的木板之间有一道空隙。

他感觉自己快撑不住要昏过去了，但他继续奋力挣扎，从水底浮了上来，终于可以把头露出来，靠在木板上缓口气。但祸不单行，又有一个浪花打了过来，差点要了他的小命。这时的他，就仿佛在梦中溺水一样，使劲挣扎着才能喘口气，终于，慢慢调整好呼吸，冷静下来，狂跳的心慢慢恢复了平静。之后，他又尝试着游出这个地方，然而几次潜水都不成功，最糟糕的是，他完全失去了方向感，好在，最后他还是逃了出来。他出来时，他的朋友们正在四处打捞他的尸体，都以为他已经淹死了。

这次的鲁莽行为成为他的噩梦，让特斯拉一直心有余悸。可是，他并没有吸取教训，两年之后，他又经历了更糟糕的事情。

当时他还在上学，他求学的那座城市附近有一条河，河上有一座大坝，旁边有座大型面粉厂。在那儿游泳基本不会有什么危险，所以，他喜欢在那儿游泳。

有一天，他一个人去河里游泳。快游到堤坝的时候，他才发现河水已经上涨了，这个发现让他非常惊讶，他想赶紧游出来，但为时已晚，湍急的水流把他卷了进去。好在，就在要被水冲走的瞬间，他紧紧抓住了墙壁。

他努力把头露出水面，巨大的水流冲击力压在他的胸口，让他呼吸艰难。这时候，岸边没有人，他大声呼救，可是声音被轰鸣的水声淹没了。渐渐地，他身上的力气慢慢消耗殆尽，他的双手就快抓不住墙壁了。

然而，就在他快要松开手的时候，一道蓝色的闪光，又出现在眼前，他脑中浮现出了一张熟悉的水压原理示意图。他很快意识到，水流的压力与受力面积成正比，于是他慢慢把身体转向左侧，一切都好像被施了魔法一样，水流的压力顿时减小，而且他发现，保持左侧姿势的身体在对抗水流冲击时也更有力些。

危险并没有消除，照这样下去，他迟早会被水冲走，因为就算有人注意到了他，他们也帮不上忙。虽然他现在有两只手可以用，但是他的右手已经一点力气也没有了，他只能用左手抓住墙壁。他不敢换手，也不敢休息，只能慢慢地将身体往大坝方向移动。越往大坝那边，水流越急、水也更深，他缓缓地移动着，压力也越来越大，在快到堤坝尽头时，他差点就坚持不下去了。

经过漫长而痛苦的挣扎，他终于拼尽最后一丝力气爬到岸边，然后就昏了过去。他身体左侧的皮肤，因为承受水流冲击，几乎全部裂开。

之后，特斯拉一直高烧不退，过了几个星期才逐渐康复。

后来，每当他想到新点子时，这道蓝色的闪光，都会出现。每当他闭上双眼，眼前总是浮现出一片沉静而均匀的蓝色背景，它和没有星光的晴朗夜空一模一样。过了几秒钟，这片安静的背景开始活跃起来，闪耀着无数的蓝色光芒，蓝光分成几层，不断地向他扑来。然后，在背景右方出现了一幅由两组平行分布、排列紧密的线条所构成的美丽图案。这两组线条互成直角，五彩缤纷，以黄色、绿色和金色为主。紧接着，线条越来越亮，整个图案布满了闪闪发亮的光点。

这片景象慢慢地从他的眼前掠过，大约10秒钟之后从左边消失，剩下一片沉闷而呆滞的灰色背景，接着又很快变换成翻腾的云海，似乎生命要从这片云海中喷薄而出。每次在他入睡之前，人和物的景象都不停地掠过他的眼前；如果景象迟迟不出现，就说明他要通宵失眠了。

在工地上，他常常看见这道蓝色的闪光。就是这道蓝色的闪光，一直支撑着他。

在工地上，他在自己的脑海中，清晰地看见了多相电流和多相传电技术草图。

他的工资收入十分微薄，常常断炊，勉强糊口。“每个月的后29天都是难熬的。”但他感到，生活困苦也没有什么了不起，因为他知道，现状一定会改变。“阿基米德是我的偶像。我钦佩美术家的作品，但我以为，美术作品不过是些影子和外表。而发明家呢？我想，他们为世界创造的东西，都是摸得着、看得见的，实实在在地改变世界。”

离特斯拉在布达佩斯发现旋转磁场并在斯特拉斯堡制成第一台交流电机，已过去了整整5年。他无数次怀疑，交流电的梦，是不是可望而不可即。有时他被工头当众羞辱，禁不住感慨自己白白受了那么多年教育。

他憎恨自己的能力被极度浪费。他受过高等教育，却在工地上挥铁锹，这何尝不是一个讽刺。

原来，伟大发明是一回事，让人们承认这项发明又是一回事。

拥有属于自己的实验室

1887年年初，在工地上，特斯拉吸引了工头约翰森的注意。约翰森约特斯拉一起吃饭，听特斯拉讲起感应电动机、交流电系统的未来以及他自己的故事。

约翰森听了，立即拨通了布朗先生的电话，自豪地告诉布朗先生，他遇见了一个“天才”。

布朗先生是西方联合电报公司创始人，他不但懂得交流电，而且对这种新发明很感兴趣。

布朗先生让约翰森立即带特斯拉到电报公司办公室。

特斯拉见到布朗先生，详细地讲述了交流电系统及交流电动机的未来。布朗先生听后，给了特斯拉一个拥抱。

终于遇见了知音，特斯拉难以抑制自己的欣喜。他感觉到，自己的黑暗日子终于要结束了！

1887年4月，布朗先生在特斯拉名下投资50万美元，成立了一家公司：特斯拉电灯与电气制造公司。

特斯拉电气公司设立在自由街（Liberty Street），他在那儿建立了实验室和厂房。

他的实验室和厂房，和爱迪生的工厂，相距不远。

特斯拉终于盼到了这一天。他终于拥有了自己的实验室和厂房，梦想快实现了。

爱迪生拒绝了特斯拉的交流电，现在，就在爱迪生工厂的不远处，直流电和交流电的大战即将到来。

爱迪生看不到一场革命即将到来，但是布朗看见了交流电的未来。而公司的目标，就是要将这种交流电系统制造成功。

1887年，离特斯拉在布达佩斯街心公园里想出交流电系统，已经过去了5年，对于制造，特斯拉已经胸有成竹。

> 在我看来，我头脑中想象出来的各种设备装置都是切实存在的，我对每一个细节都了如指掌，哪怕最细微的标识和磨损痕迹也逃不过我的眼睛。只要想象一下发动机在持续不停地飞转，就好像有一道迷人的风景展现在眼前，让我满心欢喜。

不到两个月时间，特斯拉就设计出了几种无电刷交流感应电动机，以及以交流电为基础的各种发电、变电设备。

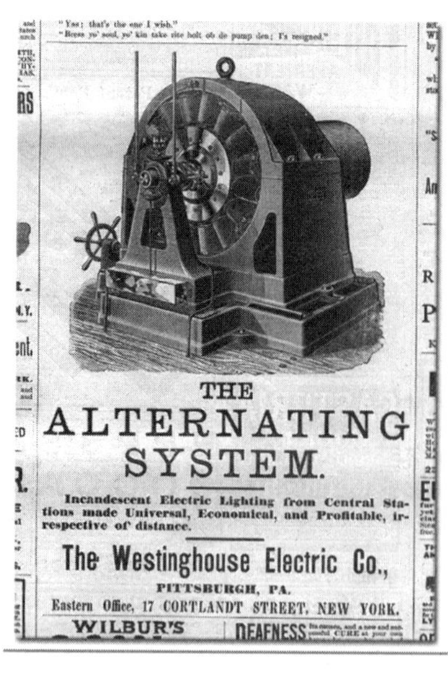

《纽约时报》有关多相电机的报道

> 交流发电机与我最初的设计完全吻合。我甚至不用去刻意改进设计，只要原封不动地将脑海中闪过的火花移植到现实设备中，就会得到惊喜，因为它们的实际效果与我大脑中想象的完全一致。

世界上第一台交流感应电动机制造好了。与其他电机相比，它结构简单，制造、使用、维护方便，运行可靠性高，重量轻，成本低。交流电远距离高压传输的优点，也展现出来了，同时还解决了机器不能用上交流电的问题。

特斯拉为整套多相交流电系统申请了专利，并在给专利局送去两台电动机进行试验后，获得了交流电专利。

这是单相、双相和三相交流电的三套完整系统。他也试验了其他种类系统，为每种类型制成了相应的发电机、电动机、变压器和自动控制装置。

特斯拉发明的交流电动机，终于让交流电远距离高压传输的优点完全展现了出来。

特斯拉终于得到专家的认可了。康奈尔大学威廉·A. 安东尼教授，立即意识到了特斯拉系统的重大意义，并设立了电气工程课程。

他为特斯拉的交流电大声疾呼，“这不单是一种新的电机，它完全可能是一种新兴技术的基础。这种系统的关键在于一种无与伦比的简单感应电动机，它不易损坏，几乎没有什么磨损部件”。

安东尼教授的推荐，让特斯拉这个原来默默无闻的塞尔维亚人，应邀到美国电气电子工程师学会做报告。

1888年5月16日，特斯拉为美国电气电子工程师学会做报告，报告的题目是《交流电机和变压器的新系统》。他的这份报告也成了一篇经典之作。

“现在我要向各位展示的，是一台我确信将树立起交流电优势的电动机……”特斯拉向工程师们展示他的交流电动机，并为他们做了演示。

B. A. 别朗德博士在评论这次报告时说：“自从法拉第的《电气试验研究》问世以来，还没有一个人把一项伟大的真理，讲解得如此简明而透彻……他的论文甚至包含了数学理论的要义。”

特斯拉在美国电气电子工程师学会做报告时，一位听众激动不已。特斯拉的专利，恰好是他盼望已久的“阿里巴巴”。

他就是乔治·威斯汀豪斯，西屋公司创始人，是一个极有远见的人。他是火车气动闸的发明者，获得了戈拉德和吉布斯的交流电配电系统专利，他的总工程师威廉·斯坦利建造了变压器系统，并在1886年试验成功。同年11月，威斯汀豪斯在布法罗将美国第一套商用交流电系统投入使用；1887年，他已经有30多座交流电站投入运转。

这个时期，美国总共有几百座中心电站在发电，使用不下20种不同的线路和设备组合方式。但是，他仍没有遇到令他满意的交流电动机。

在这个领域里，西屋公司只使用了一家竞争者——爱迪生电气公司的直流电系统。

特斯拉一演讲完，威斯汀豪斯就走上前，希望参观特斯拉实验室。

第二天上午，威斯汀豪斯来到特斯拉实验室。

实验室里摆满了各式各样的仪器。威斯汀豪斯从一台台机器面前走过，有时探身，两手支在膝盖上仔细观看；有时歪着脑袋，高兴地对着交流电机平缓的嗡嗡声点点头。他看得懂每台机器，用不着别人给他解释。

威斯汀豪斯，出生于1846年，比特斯拉大10岁。他个子不高，身体健壮，胡子拉碴。

特斯拉，32岁，身材高大挺拔，英俊，风流倜傥。

他们站在实验室里，是对比强烈的两个人。但他们有三个共同点：发明家、工程师、热爱电力。

两个人相见恨晚。

威斯汀豪斯参观了特斯拉的实验室，看懂了关于利用多相系统远程传输交流电的构想，并一眼看见了它们的未来。

交流电的优点是容易变压，可以长距离传输，损耗比直流电少得多。爱迪生的直流电一直是美国的标准配置，而他解决传输问题的方法，就是尽量让发电装置和用电设备的距离不要太远。

威斯汀豪斯预见，只要拿到特斯拉的专利，不出两年，就可以超越爱迪生。

威斯汀豪斯兴奋地对特斯拉说："我给你100万美元现金，加上提成，买下你的交流电专利。”

特斯拉还没来得及回答，威斯汀豪斯就提高了价格：“100万美元现金，外加一匹电2.5美元，支付交流电的专利使用费。”（一匹电=735瓦=每小时0.7度电）

特斯拉笑笑：“成交。”

威斯汀豪斯说：“几天内，你会收到合同。”

1888年年初，特斯拉与威斯汀豪斯电气公司签订协议，开始大规模生产特斯拉发明的交流发电机。

特斯拉同意给威斯汀豪斯当顾问，每月薪金2000美元。

特斯拉来到了匹兹堡。当时威斯汀豪斯公司的专家为了获得变电优势，使用的是133周电流，这不适合特斯拉的感应电机，特斯拉的系统是基于低频电流60周设计的。

特斯拉如实告知有关工程师，却把他们给惹火了。他们不愿意放弃自己的标准设备，仍按照自己的老办法，花巨资白白进行了几个月的试验，最后仍不成功，只好采纳了特斯拉的意见，之后电机丝毫不差地按照起先设计的要求运转起来了。

从此以后，60周就成了交流电的标准频率①。

几个月后，匹兹堡建立了第一个交流电网。

1889年年底，特斯拉完成了在匹兹堡的任务，返回纽约，一头扎进格兰街的实验室。

特斯拉将自己的所有时间都投入到高频机的研发设计中。在研究高频电流时，他惊喜地发现，当一定空间内的电场达到足够的强度时，就可以点亮无极真空管。

1890年11月，特斯拉进行了一项最非凡、最壮观的试验。为了证

---

① 商用交流电最早的频率是60赫兹，电压是110伏特，其发明者是尼古拉·特斯拉，商用交流电网也是在美国首次投入运营。美国是采用英制单位的，为计算方便，采用了60赫兹/110伏特的规格。

明这个新发现，他增加了一台变压器，结果，他利用一只线圈制造了5英寸长的放电火花。

“当时，第一次在格兰街实验室看到微小火花，那种兴奋与激动的心情丝毫不亚于我最初发现旋转磁场时的感觉。”

10年后，特斯拉获得了1000英尺的强大放电，并制造了一场全球范围内的人工闪电，而这一切，就是从格兰街实验室这个星星之火开始的。

特斯拉开始设计一种简单的装置，来产生电流振荡。

这是一个无人涉足的领域，设备构架是一个完全崭新而又新奇的课题。但他的研发过程进展神速。

1891年7月31日，35岁的特斯拉加入了美国国籍。同时，特斯拉在纽约第五大道建立了新实验室。他在实验室的墙壁上，贴上了自己的人生信条：“当天生的爱好发展成为一个强烈的愿望时，一个人会以惊人的速度向着他的目的地大跨步地奔去。”

特斯拉成功试验了以无线能量传输的形式把电力送到目标用电器，证实了无线能量传输。

特斯拉证实了无线能量传输，即能量穿过空间和物体的运动并不只是像穿过导体的电流一样。无线能量传输，将用于商业化的洲际电力无线输送。这也是10年后他建造沃登克里弗塔的起源。

无线能量传输，后来被称作“特斯拉效应”，是用来阐述这种类型的电导应用的术语，以此纪念特斯拉。

同年8月，特斯拉获得了多项电源系统的专利。

到1891年，他提出申请并获得批准的专利，共达45项。其中包括各项与交流发电、变电、电动有关的技术。

这些发明，新颖、独特、无懈可击。消息传遍了华尔街，也传遍了整个工业界和科学界。

与爱迪生交火

特斯拉正在迈向人生的高峰，他的竞争者却因此充满嫉恨。

当爱迪生第一次听到特斯拉与威斯汀豪斯联手制造交流电系统的消息时，不禁发怒地拍桌子。

19世纪80年代末，爱迪生的“宣传机器”，抛出一系列危言耸听的材料，大肆渲染交流电的种种危险，诋毁特斯拉和西屋公司的交流电，史称“电流大战”。

爱迪生召开记者发布会，对记者说：“我个人的意见是废止所有的交流电应用，因为它们不但不必要，而且非常危险。”

电流之战，拉开了序幕。

在新泽西州西奥林奇，爱迪生建立了一座巨大的实验室。住在附近的人家，突然发现他们豢养的爱畜丢失了。很快他们就弄清了原委，原来爱迪生雇用了一些小学生去为他抓猫抓狗，每抓到一只，就给25美分。然后用交流电进行残酷的试验，把这些猫和狗电死。

爱迪生开始在各种公开场合污蔑特斯拉的交流电不安全，他把记者们召集在一起，当着记者的面，他的助手把抓来的战战兢兢的狗和猫一只只地推到一块金属板上。用电线接通金属板与交流发电机，电压高达1000伏。

有一次，爱迪生实验室的助理人员哈罗德·布朗想亲手抓住一只垂死挣扎的小狗，不料自己却挨了一阵吓人的电击。“当时的情况实在可怕，整个身子和灵魂好像被扯成了两半……我觉得，有一把巨大而粗糙的锤子扎进我全身上下颤抖的皮肉里。”

爱迪生亲自带领记者，开始了巡回表演，在各大城市的学校演讲台上，用交流电电死猴子、牛和狗。每一只猴子、每一头牛、每一条狗，被电死在台上时，他的助手们就鼓掌说：“这是把它们‘西屋化’了。”

这些情景在被报道出来后，引起了市民的恐慌。

与此同时，他们在美国东部所有车站，大量散发骇人听闻的传单，栏头上套红印着四个大字：“谨防危险！”

传单上印着：“西屋公司的交流电可以在六个月时间里，杀死他们的所有顾客，无论你的块头多大。”

这些传单恐吓公众，告诉他们一个不小心，就会被“特斯拉交流电”弄得一命呜呼。

爱迪生利用报章、传单和言语，进行一轮又一轮的宣传运动，并为报界新闻记者举办星期六表演会，公开处决大型动物，向公众宣传交流电的危险。

在星期六表演会上，哈罗德·布朗使用6600伏交流电，电死了一匹马。

一匹高头大马，轰然倒地，令观众毛骨悚然。

马戏团的一头大象被绑着拉到台上，观众们惊呆了。大象还在卷鼻子，但哈罗德·布朗一按下6600伏交流电，大象就沉重地倒在了台上。

爱迪生向台下的观众发问：“你打算让你的妻子用这样一种发明做饭吗？”

爱迪生在给议员E. H. 约翰逊的信中写道：“千真万确，谁要是用西屋的交流电系统，不管功率大小，六个月之内难逃劫数。威斯汀豪斯搞到了特斯拉的一种新东西，但要想使这种东西变成实用，还需要进行大量试验。这种东西永远摆脱不了危险……”州长派出了调查小组。

很快，爱迪生、哈罗德·布朗以及萨穆尔·因苏尔（爱迪生员工）三人共同发明了世上第一台新的设备——电椅，把死刑犯电击致死，以展示交流电的危险。

爱迪生宣布：“交流电不仅适合于处死屠宰场的动物，还适合于处决死囚。”

他们打算通过电椅，将特斯拉置于死地，一举永远了结交流电。

哈罗德·布朗要了心眼，将特斯拉三项交流电专利的使用许可证买到了手，但不让威斯汀豪斯知道它们的真正用途。布朗转身去了纽约州监狱。

1889年6月1日，爱迪生工厂制造的第一把电椅，在奥本监狱，安装完毕。

6月4日，纽约州政府宣布，正式采用电椅作为处决工具。威廉·肯姆勒因杀死自己的女友，成为第一位电椅受刑人。

这是世界上第一例电刑。消息一传出，群情激愤。爱迪生和布朗举杯庆祝。一个人就要丧命，就要“西屋化”了。

1890年8月6日，肯姆勒走入奥本监狱的行刑室。

40多名证人坐成10排，观看行刑过程，其中一半是医生和物理学家。

犯人被捆在电椅上，头上戴着一个形如脸盆的头盔，头盔上固定着导线的电极。长而平的地线电极，用一根绕过胸部的皮带安放在犯人的后背上。

犯人被固定住，被通上第一次电流，电压为300伏。

不过，因为他们以前一直都是在较小的生物身上做试验，电压不好把握。电荷太弱，犯人只是被电得半死，在震动中猛烈颤抖。椅子剧烈摇晃，差点儿翻倒在地。官员们当即决定，以后椅子必须固定在地上。

17秒后，犯人仍然活着；他们于是接通了第二次电流，电压为1000伏。犯人的身体变得通红，肌肉开始烧焦，发出强烈的气味，黑色的烟充满了证人室。3分钟后，电源被切断。

犯人好像仍然活着。第三次接上电源，电压为2000伏。这时，“火焰从犯人的脊椎中迸出”。

行刑后第8分钟，犯人终于死了。

在解剖尸体时，人们发现他的脑子像“烧焦了的水果蛋糕”，脑袋里的血凝结成一块黑炭，全身几乎都被烧成了炭。

一名目睹行刑的记者表示：“这是个可怕的场面，比绞刑可怕得多。这种残忍的处决方式，不单单是野蛮不人道，而且是文明社会必须去除的一部分。”

威斯汀豪斯顶住了这场持续了很久的“中伤运动”，在媒体上发动了反攻，用大量事实和数字证明交流电是安全的。

值得庆幸的是，他们得到了康奈尔大学教授安东尼、哥伦比亚大学教授普平以及其他一些有威望的科学家们的有效帮助。

但是当时，爱迪生是美国最具影响力的工业家之一，他的各家工厂雇用了大约3000名工人。

爱迪生进一步围剿特斯拉的专利，雇用诉讼人提出异议，宣称他们在特斯拉之前就已经发明了这些交流电。提出这类诉讼的发明家有沃尔特·拜里、马塞尔·德普列兹和查尔斯·S. 希拉德雷。

爱迪生买通了教授伽利略·费拉利斯，并提出了诉讼。诉讼完全超出了侵犯专利权问题的范围。他在诉讼中提出，是伽利略·费拉利斯最先发明了旋转磁场。此外，爱迪生还雇用了在伦敦出版的《电学家》杂志，该杂志报道说，是费拉利斯发明了交流电机。

费拉利斯确实在1885年提出过有关这个问题的一些想法，但是他未能深入下去。相比之下，特斯拉在1882年就发现了旋转磁场，而且在两个月之内就提出了一套完整系统，其中包括他后来申请专利的所有装置，以及他成功制造的第一台感应电动机。

有两位科学家当即奋起保卫特斯拉，但是后来也被收买，加入了爱迪生阵营。在没被收买前，斯坦梅茨在向美国电气电子工程师学会提交的一份报告上写道："费拉利斯制造的只是一件小玩具，而且据我所知，他的磁回路是通过空气而不是通过铁实现的。"

对于背后的诋毁和诽谤，特斯拉厌烦透了。他下决心要保护自己。回到纽约后，他便一头扎进实验室。

特斯拉整天在实验室里待着，完全沉醉在研究的新奇天地之中，根本不理会围绕他的发明而猛烈展开的疯狂攻击。

迈克尔·普平教授给特斯拉写信说："由于您对竞争对手的纵容，费拉利斯这个骗子已经走到了无耻的地步。据我所知，从费拉利斯的旋涡到特斯拉的旋转磁场，跨出了整整一大步。在我看来，这两者根本是不同的，而且应当实事求是地加以指出和说明……"

特斯拉不失幽默地回信："如果仇恨可以被转化成电，世界早已轻如鸿毛。"

电流之战一开始，爱迪生就疏通奥尔巴尼的议员们通过一项法律，限制电流的电压不得超过800伏。他以为，这样一来，交流电就被控制住了。

但是威斯汀豪斯进行了反击，他扬言要控告爱迪生公司以及爱迪生本人在纽约州法律掩盖下所从事的种种阴谋活动。

爱迪生在媒体上对威斯汀豪斯咆哮："这个人简直发疯了，他是在玩火自焚，迟早要自食其果！"

爱迪生的员工们感到形势可能会被逆转，设法说服爱迪生，让他明白，从他自家工业的前途来看，他犯了一个严重的错误。但是，固执己见的爱迪生拒不承认。要他承认自己铸成了大错，是不可能的。

他说："我倒不太在乎财产，对我来说，最要紧的是要超过别人。"

但是，不等爱迪生承认自己的判断错误，他已经日益陷入经费拮据的困境，最后发展到了无法收拾的地步。

看来，被吞并，近在咫尺。

爱迪生电气公司被吞并

爱迪生没有想到，在他双眼紧紧地盯着特斯拉和西屋公司时，也正有一双眼睛一直关注着他。这个人就是J. P. 摩根。

J. P. 摩根出生于1837年，是金融家、银行家，一直试图垄断世界的金融及工业并购。

1882年，摩根资助爱迪生在金融区旁开了直流电力能源公司，设立发电站和输电网等相应基础设施，很快使电灯在美国普遍使用。

10年后，爱迪生电气公司在资金链彻底断掉之后，被摩根吞并。

1892年2月17日，《电气工程师杂志》宣告爱迪生电气公司与汤姆逊—休斯敦公司合并。在新公司的名称里，原来创始人的名字一个也不予保留，爱迪生黯然出局。

从此之后，这家新公司，叫作“通用电气公司”，董事长是查尔斯·A. 柯菲恩。

柯菲恩是摩根的得意门生，也是摩根“托拉斯”的得力打手。

买下爱迪生电气公司之前，柯菲恩吞并了汤姆逊—休斯敦公司。他也就是用这个方法一步步让汤姆逊、休斯敦丧失了对自己公司的控制权。

《电气工程师杂志》里写道：“现在到处盛传，而且许多人也都有这样一种看法，就是通用电气公司将很快吞并威斯汀豪斯公司。”

摩根公司，在买进爱迪生和汤姆逊—休斯敦公司的股份以后，库存剩余的股金总共有1660万美元，其中600万美元属于优先股。许多人认为，这笔股金将有相当一部分会被用来吞并威斯汀豪斯的公司。但是迄今为止，有关这一计划的任何确切消息尚未公布。

总之，摩根要通过消除“昂贵的竞争”，一手控制美国未来的电气化，将交流电和直流电一举收入囊中。

摩根的“一统天下”已经接近实现了。他全盘控制铁路、石油、钢铁的策略，也用在电气方面。显然，要达到最好的投资效果，在于控制所有电气和机器制造业，并经营那些最终成为“公共设施”的服务项目。但是要做到这点，他就需要特斯拉的专利。

特斯拉的专利在威斯汀豪斯手里。摩根瞄准了威斯汀豪斯的西屋公司。

一天，柯菲恩请威斯汀豪斯到自己的游艇上做客，他转着香槟酒杯，说：“老兄，开个价吧。摩根公司有足够的钱，让你买下地中海的几个岛。”

威斯汀豪斯满不在乎地笑笑。

柯菲恩扬扬自得地嚷道：“记住，只要是摩根想要的，没有得不到的。”

柯菲恩嚷错了人，威斯汀豪斯恰好想给霸道的摩根一个教训。

柯菲恩拿出了底牌，告诉他自己是怎样对付爱迪生电气公司和汤姆逊—休斯敦公司的。“知道我怎么打掉他们的门牙吗？我不惜血本降低价格，压低股票，然后把他们增加股票发行量所得到的利润全部夺了过来。然后，与他们签订了一项新合同，让他们放弃原先与公司达成的协议中所规定的权利，不再按照他们股份的比例取得新股票。”

威斯汀豪斯对柯菲恩说：“你把如何对付他们的手段全都告诉我了，我怎么能信任你呢？”

柯菲恩看他软硬不吃，就想拉威斯汀豪斯一起“下水”。他诚心诚意地大谈“贿赂”的好处。他要求威斯汀豪斯按照通用公司的办法将街灯价格从6美元增加到8美元，这样做，就可以用2美元来贿赂市政官员和政客，而自己的利润一分钱也不少。

不过，威斯汀豪斯不屑这种猫腻，不屑与柯菲恩为伍。

点亮哥伦比亚世界博览会

1893年，电流大战出现了戏剧性的转折。

这一年，芝加哥举办“哥伦比亚世界博览会”，这将成为世界上首届使用电灯照明的世博会。

这次博览会将要办成一个“明天的世界”、一座把大地照亮的“白色之城”。西屋公司再也找不出比这更好的陈列橱窗了。

乔治·威斯汀豪斯激动地对特斯拉说：“这将是新时代最雄伟的壮举，通过这次机会，不但可以显示交流电，而且可以将你发明的各种电气新产品一一陈列出来。有这样的机会，谁不想大显身手呢?”

通用电气公司的首要任务也是要揽到首届世博会的电灯照明项目。

谁都知道，哪家公司拿下首届世博会的电灯照明权，谁就在电力上撬动了世界。

两家公司，在招标过程中，都用尽了“洪荒之力”。

通用电气公司，提交了世界几大工程师一同绘制的图纸，预算报价100万美元。

西屋公司，提交了特斯拉一人绘制的交流电系列图纸，报价50万美元。

最后，西屋公司中标。

西屋公司战胜了通用电气公司，赢得了合同，为历史上第一次电气交易会——1893年哥伦比亚世界博览会安装所有动力和照明设备。

西屋公司将在博览会上采用特斯拉的交流电系统，采用特斯拉受尽诽谤和嘲讽的交流电。

作为报复，通用电气公司没有向西屋公司出售一只电灯泡。

“西屋公司别想在博览会上用上一只爱迪生的灯泡。”

可这难不倒特斯拉，展会开始前，特斯拉指挥西屋公司的技术人员，日日夜夜，加班加点，赶制出9万只灯泡。并在博览会开幕前，把9万只灯泡安装到位。

最终，特斯拉赢得了时间，赢得了在芝加哥创造历史的机会。

当时，格罗夫·克利弗兰总统当选为连任总统不久，整体局势不大好，银行破产、企业倒闭、工人失业……不论贫穷还是富贵人家，都毫无例外地陷入恐慌之中。眼看人们就要被迫排起长长的队伍等待领取救济金了。这种情况下，哥伦比亚世界博览会的举办，正可以把大家从恐慌中引开，暂时忘却将要面临的黯淡前景，这是克利弗兰总统求之不得的事。

哥伦比亚世界博览会，是为庆祝哥伦布发现美洲400周年而举办的。克利弗兰总统邀请了西班牙和葡萄牙皇族及其他外国贵宾光临盛会。他甚至答应亲自用金钥匙将电流接通，让“明天的城市”大放光明，让喷泉齐涌，机器启动；让彩旗冉冉升起，宣布这盛大的活动隆重开幕。

在当时，总统答应亲自接通电流，需要惊人的勇气。早在1891年，白宫就安装了电灯，但是一直不让总统接触开关。使用开关这件事，都是交由雇用的专业人员负责。因为有一位爱迪生的政府朋友告诫人家说，接触开关，会有生命危险。

1893年5月1日，芝加哥阴云笼罩，领救济金的队伍，很长很长。但是交易会场的景象，使接踵而来的观众，眼睛一亮。

10万名观众，涌进新古典主义建筑的会场。夜幕降临，格罗夫·克利弗兰总统宣布哥伦比亚世界博览会开幕，他伸手握住用象牙和黄金制成的钥匙，按下电钮，各色灯泡、灯管、探照灯瞬时被点亮。“光明之塔”倏然间大放光芒。整个会场如同白昼，这是人类历史上从未出现过的景象！

惊叫的欢呼声，持续了几十分钟。

特斯拉的大型交流发电机，支撑起了整个庞大会场的电力供应，证明了其电力覆盖的实力。

威尼斯式的河道，反照出“旧世界”建筑物上耀眼的现代灯光。因为交流电的存在，到处都传递出对未来美好景象的无限希望。

蛋形转子的感应电动机，通常被称为“哥伦布蛋”（展示于1893年的哥伦比亚世界博览会）

入夜之后，交易会场成了一个醉人的地方。五颜六色的探照灯光和喷泉交相辉映，如此神奇美丽，人们流下了对未来满怀憧憬的泪水。

那些喜欢冒险的市民，坐在一列用电力带动的架空列车上，绕着集市周围飞奔。人们熙攘拥挤，争着想要坐一坐G. W. 费里斯先生的大型转轮车。这个转轮的直径有250英尺，整整有60个人挤进这一辆车子里，大家摇摇晃晃地腾空而起，俯瞰地面上的“白色都城”。

从5月到10月，一共有2500万美国人来到芝加哥参加哥伦比亚世界博览会。2500万人，占当时美国全部人口的1/3。

对于特斯拉和西屋公司的实力，大家有目共睹。记者们也纷纷涌向特斯拉。

特斯拉淡定地说：“人类是被一种力量驱赶着的物质，因此，在力学领域里主宰运动的一般法则，也适用于人类。”

前来参观的人群，也纷纷涌到尼古拉·特斯拉表演厅。

为抵消大家对交流电的怀疑，特斯拉制作了“哥伦布蛋”①，来向

①“哥伦布蛋”是一个鸡蛋状的铜块。在旋转磁场中，蛋围绕其长轴旋转，最终因陀螺效应而站立。

公众解释交流电动机内产生的旋转电磁力场。

在一张铺着天鹅绒的桌子上，放着一个铜球和金属椭圆球，它们以极高的速度旋转，每隔一定的时间，又向相反方向旋转回来。

特斯拉使“哥伦布蛋”站立在了他的仪器上，以此阐述异步电动机和旋转磁场的原理。

他做报告的讲台，被充气灯管炫目的光芒照耀得闪闪发亮。他挑出一件精致的道具，说道：“这是一只抽掉空气的灯泡，它悬挂在一根金属丝上……只要我抓住它，装在灯泡里的一颗铂纽扣就会发出美丽的白炽光。不论我把管子放在什么位置，不管我把它举到空中什么地方，只要我够得着，它柔和、悦目的光亮就永远灿烂，经久不衰。”

“这是另一只灯泡，它接有一根导线，只要我伸手摸到它的金属插头，它就会散发出五彩缤纷的磷光。”

“还有，”他继续说道，“我站在这个平台上，中间有绝缘层隔开，但是只要我的身体接触到这个感应线圈次级回路的一个端头……你们就会看到，发生剧烈振荡的回路的远距离端头，会发射出一道道光芒……”

“接着我将这两块金属丝网接到线圈的端头上。放电的通道……呈现出发光流的形态。”

他双手接通电路，用身体做导线，全身闪出电火花，把自己变成了一个“熊熊燃烧的火人”。

他手中的管子开始发亮了。电流穿过他的身体，点亮了电灯，他用这个过程，证明交流电是安全的，是无害的。

此时，爱迪生派来的助手布朗教授，偷偷起身，溜出了大厅。

《芝加哥时报》的一位记者，记下了那个经典时刻：

特斯拉先生在众目睽睽之下，双手接上电流，电压超过20000伏，振动频率每秒100万次。他身上放射出一道道耀眼的光芒……这样惊心动魄的试验，没有人敢轻易上前仿效。

试验过后，特斯拉的身体和衣服还带着微弱的光芒，持续了一段时间，呈现出一个由四散的光线构成的光晕。事实上，静电荷分子被激活了而产生了火焰，显示出耀眼的白色火苗奇观。这种火焰不消耗任何东西，那是从一个感应线圈的末端冒出来的，竟如无源之水、无本之木。

据报道，特斯拉希望有朝一日给全身裹上一层柔和的火，但同时安全无恙。特斯拉声称，有了这种电流，一个人在北极赤身露体也会感到暖和。用这种电流进行治疗，也将会是它的实际用途之一。

在博览会上，大家可以看到特斯拉的所有最新产品和发明。

在一个阴暗的壁龛里支着一些牌子，镶在上面的磷光管和磷光灯泡闪闪发光。有一长段灯管映出“Welcome Electricians”（欢迎电学家），这是特斯拉用熔融玻璃一个字母一个字母吹成的。

他还用别的灯管映出一些大科学家的名字，如亥姆霍兹、法拉第、麦克斯韦、亨利和富兰克林。此外还有南斯拉夫当时最著名的诗人兹迈·约万，特斯拉将他的名字和这些著名科学家并列在一起，用灯管镌上他的笔名“ZMAJ”。这些灯管就是今天荧光灯的前身。

虽然荧光灯和霓虹灯并不是特斯拉发明的，但后来它们的出现与特斯拉是有密切关系的。特斯拉进行过一个实验——使带电粒子穿越气体产生了四类不同的光。他使用磷光物质将黑光转换成可见光，在哥伦比亚世界博览会上，特斯拉有关交流电原理的表演，不断吸引着好奇的观众。他展出了第一台连接到振荡器上的同步电钟，还展出了他的第一个击穿放电线圈。

他拿出一台电机，这种电机只靠一根导线就能转动，因为返回回路是无导线的，通过空间来实现。

特斯拉谈到，电动机不要任何导线也能转动；空间里的能源可以任人取用。

他说：“这种电机叫作‘无线’电机，它们可以用感应方法通过稀薄空气在很远距离之外加以驱动。这是完全可能的，交流电，特别是高频交流电，在稍微稀薄的气体中也能获得惊人的自由度而任意通过。我们根本不必输送电力。用不了几代人的时间，我们就可以从宇宙当中任何一个地点获得动力来推动机器。这种想法并不新鲜……在深受欢迎的安修斯神话里已被谈到，可以从地球当中汲取动力；一位卓越的数学家，他进行过缜密的推算，也提出过这类主张……宇宙中存在着能源。这种能源是静的还是动的？如果是静止的，我们的希望就落空了；如果是动的，而且据我所知情况确实如此，那么人类把他们制造的机器接到自然界的转动装置上，只是时间早晚的问题……”

博览会上，特斯拉最精彩的展品，是一只6英寸长的几乎空荡荡的真空管，被称作“碳精纽扣灯”。他使用这种研究工具对科学发现的各个新领域进行探索。

这是一只小小的玻璃球，上有一小片固体材料，装在一根金属丝的端头，金属丝与高频电源形成单线连接。中心的“纽扣”材料通过静电作用，将周围气体分子推向玻璃球，然后气体分子因受到排斥而退回并撞击“纽扣”。这种过程，每秒钟重复发生几百万次，使“纽扣”加热然后发出白炽光。

加大电源强度，就可以产生出极高的温度，使大部分物质瞬息之间蒸发和熔化。特斯拉试验时使用的“纽扣”成分，有金刚石、红宝石和氧化锆。他最终发现，金刚砂（碳化硅）不像其他硬质材料蒸发得那样快，不会在玻璃球内造成沉积，因此取名为“碳精纽扣灯”。

白炽纽扣的热能，传递到管内微量气体的分子上，使这些分子变为光源，亮度相当于爱迪生白炽灯消耗同样能量时亮度的20倍。

特斯拉手里擎着这个神奇美妙的创造物——一个白炽太阳的工作模型，同时身上通过几十万伏高频电流。他自信，他用这种东西表演，得到的就是宇宙射线。他论证说，太阳就是一种白炽物体，它携带很高的电荷并发射出大量细微粒子，每个粒子都因具有极高速度而带有能量。但太阳并不封闭在玻璃里，它将光线向外射入空间。

特斯拉用身体做导体，点亮手中的灯管

特斯拉从未给这些灯管申请专利，也没有大量生产，直到50年之后，市场上才逐渐再出现这些灯管。

哥伦比亚世界博览会在人们心中留下了难以磨灭的印记。这就是未来城市的样子。而这一切，都是依靠特斯拉的发明得以实现的。

交流电被认可了。从此，交流电取代了直流电，成了供电主流。

对于一个发明家来说，一辈子能获得这样的成就，就已经是传奇了。

但对于特斯拉，这只是传奇的开始。

尼亚加拉大瀑布

威斯汀豪斯告诉特斯拉，他决心为公司赢得开发利用尼亚加拉大瀑布的发电权。

小时候，特斯拉就想象着将来有一天能够利用自然界最伟大的奇观尼亚加拉大瀑布发电。没想到，这一切真的有望实现。“人们幼年时期的活动，是由本能驱使的，充满了活力而又无拘无束。那些早期的冲动，尽管没有马上产生成效，却是最伟大的，甚至可能决定我们的命运。”

当时，著名英国物理学家罗德·开尔文勋爵被任命为尼亚加拉国际委员会主席。设立这个委员会，目的就是为了寻求利用尼亚加拉大瀑布能量的办法。

开尔文宣称，他站在旧式的直流电一方。

开尔文给委员会的其他成员写信：“请避免交流电在我们这里犯下史上最严重的错误。”

鉴于爱迪生和开尔文勋爵提出了交流电过于危险的吓人警告，尼亚加拉大瀑布委员会考虑将项目交给通用电气的直流电厂。

但是，罗德·开尔文又仔细研究了直流电。使用直流电，必须每隔1千米建一套发电机组。所以在建造尼亚加拉水电站时，如将电力以直流电方式传送，要输电至35千米以外的纽约州水牛城，是不可能的。

这种局面在罗德·开尔文参加1893年世博会，亲眼见证了交流电系统的精彩表演后，彻彻底底改观了。

罗德·开尔文终于有心情看西屋公司递交的图纸了。

特斯拉设计了史上第一个水利发电图——尼亚加拉大瀑布水电站发电图，向世界证明水力是一种可被利用的资源。

罗德·开尔文采用了特斯拉发明的交流电供电、输电技术，计划用高压电来实现远距离供电。他预感到，这项划时代的发明，不仅将解决尼亚加拉水电站远距离供电的难题，并且将带给人们一个既方便又便宜的用电环境。

1893年10月，委员会与西屋公司签订了合同，尼亚加拉大瀑布将修建首批3台5000马力的发电机组。

西屋公司取得了尼亚加拉水电站电力设计的承办权，挑战是巨大的。这也是当时规模最大的发电机组。

“电流之战”所挑起的工业界的分裂和仇恨，现在，终于要以特斯拉和威斯汀豪斯百折不挠的精神而告捷。

他们在哥伦比亚世界博览会上举办的展览，让人们目睹了交流电的风采，也促成了“电流之战”的胜利。

通用电气公司再也抵挡不了特斯拉交流电的美好前程。为了生存，他们转了风向，提交了安装特斯拉多相发电系统的方案，最终委员会与通用电气公司达成了一项合作：通用电气公司获得修建从尼亚加拉大瀑布到布法罗的输电和配电线路的合同。

特斯拉设计的水轮发动机模型

1895年，西屋公司利用特斯拉所发明的交流发电机和交流输电技术，建成了尼亚加拉瀑布水电站——世界第一座水电站，准备发送1.5万马力电力。

在建造过程中，特斯拉和其他工程师

之间就交流电的输出频率问题有很大分歧。到电机组安装完成的时候，特斯拉是唯一一个对这个项目心中有底的人。

“所有的技术细节都已经清晰了，现在就只等合上电闸的那一刻了。”

1896年11月1日，项目完成，尼亚加拉大瀑布即将成为35千米外纽约州水牛城的主要供电来源。

合上电闸之前，很多人依然认为，这不可能实现。

1896年11月16日，合上电闸时，亚当斯发电厂变电站开始运转。尼亚加拉大瀑布以山崩地裂之势，推动巨大的电站水轮机组，带动强力型5000匹大功率发电机。发电机产生的电流通过变压，升压至2.2万伏特，通过高压线，实现远距离输送。

尼亚加拉大瀑布，开始向纽约水牛城供电。

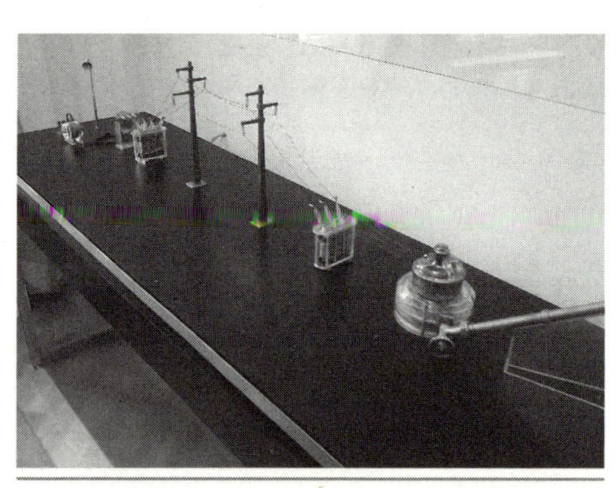

特斯拉设计的高压输电模型

特斯拉利用尼亚加拉大瀑布产生的电能电量，向世界证明，瀑布可以成为能源。

人类步入了真正的电力时代。

记者围住了特斯拉。

面对记者的无数个问题，特斯拉面带微笑，淡定地回答记者：“我看到了童年幻想之事在30年后变为现实，自己都对这种预见能力着迷了。”

记者问：“人们都在谈论，说你有超能力，请问你怎样设计得如此精确呢?”

特斯拉笑笑：“我不会盲目地进入实践操作。当产生一个想法时，我会立刻在脑中构图。我会在头脑中修改结构，改良设计，并操作起这套装置来。不管怎样，我想象中发生的情况和实际中发生的情况是一样的，连结果都一模一样。通过这种设计方法，我能快速地将想法付诸实践并加以完善，而不必接触任何实际事物。直到我再也找不出缺点，将所能想到的一切进行合理改进直至完成时，我才会把形成于脑海中的作品在现实中制作出来。”

“我设计出的所有设备，实际运行情况与我想象中的都毫无差别，试验结果也与我的设计计划正好符合，无一例外。怎么可能会有其他情况出现呢？工程、电气和机械，所有试验结果都符合我的设计计划。我认为，从具有可行性的理论一直到实际数据，没有什么东西是不能在脑海中预先测试的。从具有可行性的理论到实际数据，人们将每一个原始的想法付诸实践的过程，完全是对精力、金钱和时间的浪费。”

有人说：“人们都以敬佩的心情谈论尼亚加拉大瀑布的开发利用，认为这是真正的世界奇迹之一。”

特斯拉自信地说：“人类最重要的进步，依赖于科技发明，而发明创新的终极目的，是完成对物质世界的掌控，驾驭自然的力量，使之符合人类的需求。”

《尼亚加拉日报》这样报道此事：“今晨开始，这个城市里所有的轨道电车都将由尼亚加拉大瀑布的能量驱动，从今往后，它必须以劳作来养活自己啦。”

“电流大战”结束了。

特斯拉，毫无异议，成了“电流之战”的赢家。

“特斯拉蒸蒸日上，爱迪生的直流电公司却垮了。”这个结果，爱迪生，铭记在心，幽怨在心。

第二年，通用电气公司建成输电和配电线路，使电力飞越26英里的路程，布法罗的电灯点亮了，有轨电车开动了。

西屋公司又增建了7台发电机组，使发电量增加到5万马力。通用电气公司也修建了使用交流电的第二座电站，并增建了11台发电机。

几年之内，亚当斯发电厂又相继建造了10多座大大小小的发电站，在世纪之交的时候，电力线延伸到了360英里外的纽约。每日产生的电力，解决了整个纽约州的供电。

至今，这项足足超过100年的电力设施仍然运作如常，从未间断地输送天然能源，可谓是人类百年科学史上的一大奇迹。

在尼亚加拉大瀑布的公羊岛上，伫立着特斯拉的铜像，以纪念他的卓越贡献。

尼亚加拉大瀑布旁的特斯拉的铜像

同一时间，数百家电气公司制造商都在盗用特斯拉的专利。威斯汀豪斯将他们告到法院，法院确认威斯汀豪斯拥有对于这些专利的全部权利，从而将这些侵犯者一举打倒。可这样一来，这些败将们就把他们的怨恨，统统发泄到特斯拉身上。

特斯拉和西屋公司不断遭受着那些恼羞成怒的失败者的烦扰和折磨。西屋公司要在大约20件案件中为他们的交流电专利进行辩护。

为了让威斯汀豪斯把特斯拉的专利甩掉，爱迪生想了一招，他为一位卓越数学家查尔斯·斯坦梅茨的一种叫作“单循环”系统的发明申请专利。

这些诉讼给特斯拉造成了很大影响。

威斯汀豪斯终于忍不下去了，他聘请律师，为特斯拉提出反诉。

1900年9月，康涅狄克州巡回法庭的法官汤森德驳回所有上诉，为特斯拉正名。

汤森德法官的裁定词，掷地有声。

捕捉和驾驭自然界和技术领域里无法控制、放荡不羁并且至今互相矛盾的要素，利用它们去带动人类的机器，这要归功于特斯拉的天才。是他首次将阿拉戈[1]的玩具变成电力发动机，将拜里的“实验室试验”变成实用的电动机，将指示器转变成传动装置，是他最早想到，方向反转的障碍、交替作用之矛盾，可以转化成产生电能的旋转运动，转化成旋转的力场。

在别人看来，这是些无形的屏障，是不可逾越的流和相互矛盾的力，而他却牢牢抓住了。他使其方向协调一致，将尼亚加拉的动力应用到遥远城镇的实用电动机之中。

判决如下：对所有上诉予以驳回。

---

① 阿拉戈，法国物理学家，精于光学和电磁学实验。1820年，阿拉戈发现通电的铜螺线管能像磁铁一样吸引铁屑。1842年，他发现转动的铜盘能影响磁针转动。

撕毁交流电专利合同

通用电气公司和摩根家族输掉了世博会，输掉了尼亚加拉大瀑布的发电权，他们咽不下这口气，便瞄准了特斯拉的专利。

柯菲恩一眼看出，西屋公司之所以如此威武，是因为独家拥有特斯拉的专利。

摩根决定，让柯菲恩出手。

柯菲恩选择西屋公司最脆弱的“软肋”下手　　金融市场。

> 在华尔街、斯达特和百老汇，从所有股票市场的地窖和耗子洞里，纷纷爬出一条条蜷曲的谣言毒蛇。乔治·威斯汀豪斯的各家公司垮台了……乔治·威斯汀豪斯……除非和通用电气公司合并，否则性命难保，威斯汀豪斯的股票一落千丈。

1897年，西屋公司股票崩盘。

西屋公司命悬一线。当务之急，必须想法实行合并。威斯汀豪斯请来金融顾问劳森——华尔街股票市场行情专家。

劳森安排西屋公司与一些小公司合并，包括美国电气公司和联合电灯公司。新成立的公司被命名为“西屋电气制造公司”。

一切看来都很顺利，可有一个问题摆在面前：尼古拉·特斯拉的专利权税不计其数。合同签订过后仅仅四年，自然增长的税金可能已接近1200万美元。其应用领域不断扩大，而电站、电机以及交流电系统的专利每获得一种新用途，都要征收使用税。

投资银行家说："威斯汀豪斯，取消这项专利权税合同吧！否则，新公司的稳定性就要受到威胁。"

这是威斯汀豪斯所不愿意看到的。他自己就是发明家，他是主张专利税的。他辩解道，专利税是用户付给的，已经包括在生产成本之中了。

银行家见无法说服威斯汀豪斯，纷纷要与威斯汀豪斯分道扬镳。

威斯汀豪斯不得不到纽约，去找特斯拉。

威斯汀豪斯把特斯拉请到自己在长岛的游船上。拿出当时他们签订的合同，合同上写着，付给特斯拉100万美元，外加专利使用费以换取他的全部交流电专利。每销售一匹电力，特斯拉获得2.5美元。

威斯汀豪斯当时痛苦、矛盾的心情，是他终生少有的。他对特斯拉讲了西屋公司岌岌可危的现状，为了挽救公司，请求特斯拉放弃专利。如果特斯拉不放弃专利，投资银行就不会投资，公司就会破产。

威斯汀豪斯用祈求的目光，看着特斯拉，说："你的决定，将决定西屋公司的命运。"如果特斯拉坚持专利税，西屋公司就要垮了。

特斯拉已将全部身心投入到新的研究领域里。金钱，对他并不重要。他看重的是交流电的未来，看重的是人类的未来，看重的是威斯汀豪斯的知遇之恩。

特斯拉平静地说："我可以放弃交流电合同，条件是：交流电的专利，将永久公开。从此交流电再没有专利，成为一项免费的发明。"

威斯汀豪斯被特斯拉深深地感动了。

特斯拉问："如果我放弃合同，你能保全公司，能继续有权控股吗？你会实行既定计划，将交流电系统贡献给世界吗？"

威斯汀豪斯一生阅人无数，在金钱面前，最能看清一个人的品格。像特斯拉这样无视金钱的人，在世上实在太少。

“我相信你的交流电系统是电气领域最伟大的发明。”威斯汀豪斯说：“正是因为我要竭力把它奉献给世界，才陷入了目前的困难境地。但不管发生什么情况，我一定按照原计划继续走下去，要让全国都使用交流电。”

“威斯汀豪斯先生，你是我最好的朋友。在别人对我失去信心时，你依然信赖我；在别人缺乏勇气时，你充满胆识，义无反顾；我看到的伟大事物，你手下的工程师无动于衷，而你却支持我；你一直作为一位朋友和我站在一起……你可以保全公司，这样你就能够推广应用我的发明了。这是你的合同，这是我的合同，我把它们撕碎，你再也不用为我的专利税操心了。放心了吧？”特斯拉拿起双方的合同，撕碎了。他撕掉的不仅仅是已经挣到的千万美元专利税，而且也撕掉了将来可以得到的亿万财富。

特斯拉的慷慨，让威斯汀豪斯感动得落泪了。

特斯拉宽慰威斯汀豪斯：“我和西屋公司的合作不再是最重要的事情，我现在在格兰大街的一家实验室里开展我的新研究，现在我对高频变电的设备，非常感兴趣……”

特斯拉的交流电，开启了第二次工业革命浪潮。特斯拉仅此一项专利，就可以富可敌国。可他却放弃了发明专利。

交流电再没有专利，成为一项免费的发明。交流电，惠及全人类。这在任何时代，都是一种空前绝后的慷慨。

特斯拉更关心的是人类的发展，他反复说：“人类最重要的进步，都仰赖于科技发明，而发明创新的终极目的，是完成对物质世界的掌控，驾驭自然的力量，使之符合人类的需求。”

威斯汀豪斯回到匹兹堡，和投资银行家见面，告诉他们，特斯拉已经撕掉了专利税合同，投资银行家很满意，立即开始为西屋公司筹集资金。

投资银行总裁，拿起电话，通知柯菲恩，特斯拉已经撕毁了交流电专利合同，从此，摩根家族也可以自由使用特斯拉的交流电专利了。

威斯汀豪斯的公司渡过了难关，而且信守对特斯拉的诺言，把交流电推广到全国。

有人统计，如果特斯拉没有撕毁合同，交流电专利会为他带来不少于3000亿美元的收入。

有人问他为什么这样做。

特斯拉说："我很感激在没有人相信我的时候，西屋电气对我这么信任。"

数年之后，特斯拉在一封信中写道："在我看来，地球上唯有乔治·威斯汀豪斯能在当时的环境下采纳我的交流电系统，并战胜了偏见和金钱势力。他是一名出类拔萃的先锋，是世界上真正高贵的人物之一。美国应该为有他而骄傲，全人类都应对他感激不尽。"

崇山峻岭间的“雷电之行”

特斯拉结束了西屋公司的工作之后，迷上了无线电。

自从1890年11月，他在格兰街实验室第一次利用一只线圈制造了5英寸长的放电火花以来，“放大微弱的力量”这一课题就令他着迷。

这要追溯到他少年时代的一次经历。有一年冬天，他和小伙伴们计划去攀爬一座陡峭的高山。当时山上的积雪很深，但由于刮着温和的偏南风，他们爬得十分顺利。

他们开心地玩着扔雪球的游戏，雪球被扔出去之后会滚出一段距离，同时沾上地上的雪。在这个激动人心的游戏里，他们都试图超越其他人。

突然，一个雪球越滚越大，大到不可思议，最后变得像房子那么大，雷鸣般地滚入山谷，力量巨大得使地面都震颤了。

特斯拉吃惊地看着这一切，完全不知道发生了什么事。

数周之后，当“雪崩”的场景再次出现在他眼前时，他很想知道为什么这么小的东西能变得那样大。

从此，“放大微弱的力量”这一思索，一直在他脑海中盘旋。

“也许，没有儿时那次‘雪崩’事件的深刻印象，就不会有我对线圈出现的小火花的深入研究，那最伟大的发明也就不会实现了。”

自从实验室安装了高功能线圈以后，他就意识到，广播通信是在全球范围和星际之间大有发展前途的一个领域。他相信，尽管无线电与无线输电是不同的，但这两类问题相差不远，完全可以一举解决。可事情并不那么顺利：“我有一年多时间坚持不懈地工作，但毫无结果。这项艰深的研究工作使我废寝忘食，别的事情我都记不住了，就连日益变坏的身体也置之度外。最后我完全支持不住了，当濒临崩溃时，我的身体出于自我保护进入了睡眠状态。”

由于几个月没有休息，最后特斯拉像“吃了麻醉药”似地沉沉入睡。当他神志清醒过来时，猛然发现他把过去的事情忘得一干二净，只能记起自己刚懂事那会儿的事情了。

特斯拉一向不爱找大夫，他打算自己治疗。每个夜里，他都聚精会神地回忆自己童年时代的事，慢慢越来越多地想起了自己一生的经历。

说来也奇怪，这些记忆清晰得惊人，并且给予我安慰。夜复一夜，在我入睡前，随着我的思考，过去的景象便越来越多地浮现在眼前。母亲的形象一直是我眼前景象的主要人物，她逐渐变得清晰。我开始日夜思念，希望回家看一看母亲。这种感情，如此强烈，最后我只好抛开所有工作，了却自己这个心愿。

但是我发现，要离开实验室谈何容易，结果拖了好几个月，而在这期间，我渐渐恢复了对往昔生活的记忆……

1892年早春，特斯拉还没有收到去英国和法国做报告的邀请书，十分矛盾，拿不定主意，不知道究竟去不去找母亲。

一个深夜，他梦见自己身在巴黎和平酒店。在酒店大厅，有人递给他一封急信，他从信上得知了母亲病危的消息，在哽咽中醒来。

他担心母亲的健康，不无缘故。从戈斯比奇家乡一连寄来几封信，母亲的身体确实不行了。

最后，他接受了伦敦和巴黎来的邀请书，并计划随后直接回家。

1892年4月，特斯拉刚在巴黎作完一场报告，精疲力竭。这时信差送来一封他母亲病危的电报。他匆忙赶到车站，挤上一列开往克罗地亚的火车。下了火车又换马车，及时赶到家里，陪他母亲度过最后几个小时。

母亲还在昏迷中，他已经很久没有见到母亲了，他紧紧握着母亲的手，担心再也听不见母亲的声音。可母亲突然睁开了眼睛，对他说："你终于来了，尼古拉，我的骄傲。"

母亲又昏过去了。

因为过度悲痛和长期失眠的折磨，特斯拉彻底垮掉了。他被送进离家两个街区远的一幢房屋里休息。

两三个月以前，特斯拉和威廉·克鲁克斯爵士（放射性物质的发现者）在伦敦一起讨论灵学。他特别受克鲁克斯的影响，因为学生时期他曾阅读过克鲁克斯写的有关放射性物质的不朽著作，这对他从事电力研究事业有很大的影响。

"威廉·克鲁克斯相信，只要人类的高频脑波达到共振，他们就能够有超距心灵感应。当时我完全被这个念头陶醉了……"这使特斯拉坚信，母亲会给他一些特别的启示。"我想，母亲一定会给我启示，因为母亲是一位天才，尤其是她的感知能力，非常罕见。"

整个晚上，他大脑的每一个细胞都活跃起来，希望能得到某种启示。直到第二天早晨，什么都没有发生。然后，他昏昏沉沉地睡去。

他在似梦非梦之中，看见了强烈而清晰的幻象。

我看见一片云彩，上面坐着一群美丽动人的天使，其中一个亲切地望着我，渐渐地露出了我母亲的容貌。这景象缓慢地飘浮着，然后穿过房间并渐渐消失了，接着传来美妙动听的歌曲，我被惊醒了。就在那一瞬间，一股无法用语言表述的感觉贯穿我全身，我强烈地意识到，这是母亲去世了！而后来这被证实居然是真的！

特斯拉相信，这是因为在那一刻，他和母亲之间的脑谐波达到了共振。他不知道的是，他的这种认识和体验，即将引领他走向一项革命性的发明。

母亲去世后，特斯拉病了几个星期。他在母亲的出生地查茨和戈斯皮奇休养了两三个星期。在能下地走动后，他就开始在故乡的崇山峻岭中漫游。

特斯拉在还是个孩子的时候，就醉心于电和雨的相互关系。

一天，他正在山间散步，即将来临的暴风雨使他不得不赶快寻求一个避雨之处。

天空乌云密布，不知为什么，雨水迟迟也没有降下。突然，一道闪电划破了天空，顷刻间，瓢泼大雨落了下来。眼前的景象令我陷入了沉思。无疑，闪电和瓢泼大雨这两种现象是密切相关的，更准确地说是因果关系。经过片刻的沉思，我得出的结论是，降水过程中蕴含的巨大电能是人们无法想象的，而闪电的作用就像是一个释放这种巨大能量的扳机。

这一发现可能造就一项惊人的发明。如果我们能产生特定质量的电能效应，那整个星球以及所有生物的生存条件，都会发生翻天覆地的变化。海水受热蒸腾，水蒸气又在风力的作用下到达遥远的地方，并在那里保持着一种最微妙的平衡。如果我们有能力干涉这种平衡，在任何需要的时候和地方，我们就能随意控制这种强大的生命延续所需的能量。我们可以灌溉贫瘠的沙漠，可以人造湖泊和河流，无限量提供动力。对人类来说，这将是利用太阳能最有效的方式。

这一构想成功与否取决于我们是否有能力开发出和自然一样强大的电力。这似乎是一个无望之举，但我下定决心试一试。

这次在崇山峻岭间的“雷电之行”，启发了特斯拉在电磁场领域的一场革命，是无线通信、无线电传输和特斯拉线圈的起源。

一颗不同寻常的脑袋呵！

《科学》期刊报道了特斯拉高频电流试验的成功，当他首次公开展出他的真空管时，人们惊讶的神情简直无法形容。一时间，他收到无数来自世界各地的邀请函。

为了躲避追捧，这些邀请，他都一一回绝了。

当时的发明家很多，新陈代谢得很快。人人都渴望新的轰动效应，但很快又会被淡忘。昨天还是奇迹，过两天再看就是司空见惯的小发明了。

1892年6月，特斯拉来到伦敦，在英国电气电子工程师学会发表了演讲。演讲结束后，他本打算马上前往巴黎进行另一场演讲，但是英国皇家学会会长詹姆士·杜瓦爵士，坚持要他到皇家学会做报告。

杜瓦爵士，是剑桥大学教授，苏格兰物理学家、化学家，一生多次获得诺贝尔奖提名。他设计了杜瓦瓶，成功液化了氧气、氢气等多种气体，为低温物理的研究提供了条件。19世纪90年代初期，他奉命组建了皇家学会戴维—法拉第实验室。

杜瓦爵士将特斯拉推坐到一张椅子上，给他倒了半杯奇妙的、闪着五彩光芒的棕色饮料，味道如玉露琼浆般鲜美。

杜瓦爵士说："你正坐在法拉第坐过的椅子上，享用着他爱喝的酒。世界上再没有第二个人能配得上这种荣誉。"

法拉第发明了世界上第一个发电机，被称为“电学之父”和“交流电之父”。

杜瓦爵士称特斯拉为当代法拉第，只有他配得上法拉第坐过的椅子和爱喝的酒。

特斯拉被这位伟大的苏格兰人说服了。

第二天，特斯拉来到大不列颠皇家科学院，当他走向主席台时，欧洲科学界的精英们，起立鼓掌，掌声持续了数分钟。

特斯拉做了题为《极高频率交流电实验及其在人造无线发光中的应用》的报告，首次将他的高频电流实验展示在世人面前。

在高频变电领域的探索中，特斯拉做出了世界上最早的霓虹灯，拍摄了世界上第一张X光照片，但这一切和他1892年的突破相比，都相形失色：这一次，他让一只灯泡凭空点亮，没借助任何导线。

特斯拉展示了经由“特斯拉线圈”输出的“上千伏电流”流经自己的身体，而使一只“无线灯泡”发亮。

电光闪耀的时刻，就像是一场魔术表演。

欧洲的科学家和工程师们，顿时惊呆了！

特斯拉笑笑：“我想，我已经找到了无线传输电能的方法。”

特斯拉向他们做出了一个惊人的预言：“我有一个考虑了很长时间的点子，一个会造福全人类的点子。它将传递能量而不需借助任何导线。我越来越相信，这项技术有转化为实用的可能。”

这是特斯拉人生中最重要的一项研究的开始——无线电。

当特斯拉走下主席台，雷利勋爵掩饰不住激动的心情，走上前，握住特斯拉的手，说：“你拥有一颗不同寻常的脑袋呵！”

雷利勋爵，本名约翰·威廉·斯特拉特（1842—1919），是当时英国最著名的物理学家，是剑桥大学物理学教授，兼任英国伦敦皇家学院教授。1904年，他获得诺贝尔物理学奖，他把奖金全部捐给了剑桥大学。

特斯拉很敬重雷利勋爵：“我从来没有意识到自己具有任何独有的

发明天赋，一直被我视作杰出科学家的雷利勋爵却如此称赞我。如果真如他所说，我应该把精力投注在一些重大的项目上。”

雷利勋爵不肯松开特斯拉的手，除非他答应不再回美国，留在英国。

雷利勋爵说：“你在美国受到的待遇，是不公平的，我担保英国会补偿你。剑桥大学教授、英国伦敦皇家学院教授，随便你选。英国科学促进会理事、英国皇家学会理事，我说了算。”

雷利勋爵在自己的城堡，为特斯拉举行盛大晚宴，请来了英国所有著名的科学家。

晚宴上，这些英国最伟大的科学家和创造了不朽成就的学科领袖们，都赞美特斯拉“拥有一颗不同寻常的脑袋”。

雷利勋爵举着酒杯，对特斯拉说：“一个世纪才会出现一个像你这样的人。你是上帝派来的信使。”

雷利勋爵的肯定让特斯拉终生难忘。“从那时起，我就不顾一切地投入了研究工作，试图破解更为复杂的问题。”

1892年8月31日，《电气工程师》杂志报道：“卓越的电学家尼古拉·特斯拉先生乘坐‘奥古斯塔·维多利亚’号轮船从汉堡返抵纽约。他受到欧洲电学界的隆重接待，这同他的探索和研究工作一并载入了电学史册。他赢得如此荣光，使得美国人感到十分骄傲，因为他选择了美国作为他的家园。”

回到纽约后，特斯拉开始过上与世隔绝的生活，一头扎进他在第五大道上的实验室。

故乡之行，使他发现了闪电就像是一个释放巨大能量的扳机。这一发现可能造就一项惊人的发明。对人类来说，这将是利用太阳能最有效的方式。

这一构想成功与否，取决于人类是否有能力开发出和自然一样强大的电力。这似乎是一个无望之举，但特斯拉决心试一试。

这促使他立即回到美国，他对这个项目充满了热情，一旦成功，就可以利用它实现无线能量传输。

“这件事使我十分向往，因为要想成功地进行电力无线输送，就必须找到办法。”

在他敏锐的直觉引领下，特斯拉很快发现，在两个相同频率的特斯拉线圈之间，可以发射和接受强烈的无线电信号。调谐是无线信号传输的关键。

特斯拉线圈

“现在在实验室里，我可以徒手用线圈收集3/4匹的电能，在室内随意走动而不用任何连接。我的头顶会出现闪电，而手上可以转动马达，或是点亮六到八盏电灯。”

他的高频交流电，完成了实质性的突破。

1893年春天，特斯拉在实验室用锥形线圈造出了100万伏的电压，这被世人视为一大壮举。

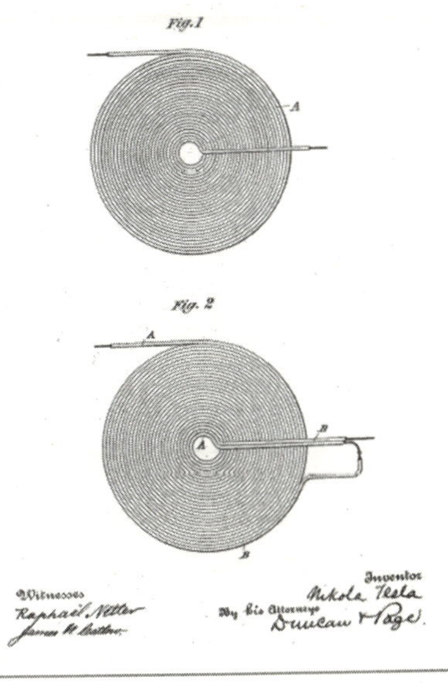

特斯拉线圈示意图

他设计了调谐电路，发明了无绳气体放电灯，并利用无线发射了电能，制造了第一台无线电发射机——特斯拉线圈。

特斯拉线圈，实际上是一对变压器线圈，或者说，是一个谐振变压器。特斯拉变压器，这个装置是电磁振动领域的革命性发现，其重要意义堪比火药对于战争的划时代价值。特斯拉线圈利用这一装置所产生的电流是普通技术手段产生电流的很多倍，并产生了100多英尺的火花现象。

“特斯拉线圈的特点是，高频高压，更重要的是，它会产生无线电信号。”

1893年7月，特斯拉给专利局送去了一台高频振荡器——无线电发射机，申请了“共振传送器的振荡器”的专利。

8月，特斯拉获得了高频振荡器——无线电发射机专利。

无线电时代，就要开始了。

特斯拉线圈

特斯拉邀请好友及一些投资人在实验室里参与一些效果惊人的实验。他让上千伏特的电流穿过他们的身体，点亮手中的灯泡，或是焊接手中的线缆。

马克·吐温常常带着他的朋友来实验室。

一年前，特斯拉在德尔莫尼柯酒家俱乐部与马克·吐温相识。他对马克·吐温讲起童年的那段往事。高中的时候，他患了重病，医生已经对他放弃治疗了，他每天读马克·吐温的书，渐渐地，他痊愈了。

当他告诉马克·吐温这段经历时，这位伟大的幽默大师，热泪盈眶。

他们成了好友，马克·吐温经常来特斯拉的实验室看望他。

马克·吐温对高频高压实验总是自告奋勇。特斯拉警告马克·吐温不要在振动频率中太久，马克·吐温不听，待了很长时间。结果，马克·吐温像火箭一样，拿着裤子，冲进卫生间。

雷声滚滚，震耳欲聋，但真正起作用的，还是闪电的力量。在当时大家对电都知之甚少的情况下，那些实验的效果是无与伦比的。

1892年春，特斯拉在英国电气电子工程师学会上做了《高压高频下的交流电实验》的报告，现场坐满了英国的科学家和工程师们。

特斯拉详细地讲解了特斯拉线圈。

特斯拉线圈，通俗一点说，就是人工闪电制造器。

特斯拉线圈，基本上由一个感应圈、两个特大电容器和一个线圈互感器组成。

“线圈”的特性之一，是能够生产出既高频又低电流的“高压交流电”。这种“高频电流”可经由空气做远距离的“无线传电”达至另一个“接收器”处，并且对人体绝无不良影响。人们不敢相信，5060赫兹的“交流电”转化为“高频的电流”后，即使流经人体也不会导致电阻而造成损害。

更神奇的是，在特斯拉的研究中，他发现了只要凭借一座“电力发射塔”，方圆之类的“电力接收器”就可以接收到这种“无线电力”，甚至绝不会因为过量的“接收器”而减低它的输电能力，假若“发射塔”发射出600瓦特电力，30英里内所有“接收器”皆可接收到600瓦特电力。

在不断地研究中，特斯拉发现了“共振现象”。原来，在特定的环境下，一个机械系统在振动时，不论是声学的或是电学的都有相当高的振幅。而特斯拉则利用此原理所出现的“磁力共振现象”，制造出了一个变压器，名为“特斯拉线圈”，它能够产生极高的“高压电流”，“以使人类享用既免费又用之不竭的能源”。

特斯拉对磁场的认识，亘古未有。1960年，巴黎国际计量大会以1 Tesla（特斯拉）=10000 Gause（高斯），来纪念他在电磁学领域所做出的重要贡献。

特斯拉线圈巧妙地利用了地球磁场。不单能够远距离传送资讯电波，还能将电力能量转化为高频电波，使人类能进入一个无污染的“免费能源”生活。

特斯拉线圈，是特斯拉最超前的发明，也是他一生中最受争议的发明，但也是他对人类做出最大贡献的发明，因为特斯拉线圈是一项能够无限量供电的免费能源科技。

100年后，当大家听到“免费能源”“用之不竭的电力”“能量输出”或是“每月所消耗的电费皆是免费”等名词时，以为是天方夜谭。但人们有所不知，100年前，特斯拉线圈，其实已经解决了能源危机的问题。

特斯拉认为，地球本就蕴藏着无穷无尽的电力资源，如众所周知的地心磁场、太阳能、风力发电、水、氢与氧等。

他认为，宇宙本身就是一个永动机，而地球是一个巨大的电容器，利用他发明的设备，可以免费地从自然界获得巨大的电能，还可以进行远距离的无线传输。按照他的设想，地球上的任何地方，只要用一个简单的终端，就可以享受源源不断的电能。

他预言："许多年以后，人类的机器可以在宇宙中任何一点获取能量从而驱动机器。"

为人类提供永不枯竭的能源，是特斯拉线圈的核心。

破解人类能源危机的核心技术，就是这个被雪藏了百年的特斯拉线圈。

特斯拉从少时起，就很确定，自己来到这个世界，不是游戏人生，而是有使命的。这个使命，就是使人类可以享有无限的免费电力。特斯拉线圈，可以让他完成这个使命。

就因为这个使命，他在一生中，几乎每天只睡两个小时，废寝忘食，从不懈怠。

很可惜，特斯拉线圈，侵犯了商人的利益。这项伟大的发明，遭到了财团的刻意的摧毁和阻挠，特斯拉也因此被逼到破产的边缘。

特斯拉与无线电发射机

1893年夏天，特斯拉在密苏里州的圣路易斯全国电灯联合会做报告，展示了世上第一台高频振荡器——无线电发射机，包含无线电系统的所有基本要素。报告中，他描述并演示了无线电通信的基本原理。

一周后，他在宾夕法尼亚州费城的弗兰克林学院全国电灯联合会发表演讲，详细阐述无线电发送和接收方面的六项基本要求。

1893年秋天，特斯拉成功进行了短波无线通信试验，被认为是当时美国最伟大的电机工程师之一。

但是，后人都以为是马可尼在1895年取得了这一功绩。

特斯拉在圣路易斯做报告时，身边有一位名叫H. P. 布劳顿的助手。这位助手的儿子，名叫威廉·布劳顿，是斯克内克塔迪博物馆业余无线电站W21R许可证所有人。1976年，威廉·布劳顿在该站发表致辞，根据父亲当面告诉他的情况，介绍了特斯拉经过一周准备之后在圣路易斯所做的历史性表演的一些精彩场面。

83年前在圣路易斯，全国电灯联合会举办过一次高压高频现象报告会。讲台上使用了两组设备。

讲台的一边为一组发射机设备，其中有一台5000伏安高压杆装充油式配电变压器，它与莱顿瓶[1]的电容器组相接；还有一个火花隙、一个线圈以及一根通向天棚的导线。

讲台的另一边为接收机组，其中有一根从天棚上挂下来的同样的导线，有相同的莱顿电瓶电容器列以及一个线圈，但是没有火花隙，却代之以盖斯勒管[2]。通电的时候，盖斯勒管就像一只现代荧光灯那样被点亮。在发送机和接收机之间，没有相互连接的导线。

发送机组里的变压器，由一根专门的电力线通过一个外露的双片闸刀开关供电。当开关合上时，变压器发出呻吟一般的呼噜呼噜声，莱顿瓶放射出电晕，在电瓶的箔片边缘周围发出嗞嗞声。火花隙噼噼啪啪地爆发出火花放电，同时有一个看不见的电磁场通过变压器的天线向空间发射出能量。

与此同时，接收机组中的盖斯勒管，因受到接收机天线接收的射频激发而点亮。

于是，无线电诞生了。一个无线电信息由5000瓦火花式发射机发射出来，立刻又被30英尺之外的盖斯勒管接收机所接收……

发明、操作并讲解这次试验表演的举世闻名的天才，就是尼古拉·特斯拉。

特斯拉在圣路易斯的这次表演，虽然还没有“将信息发向全世界”，但是特斯拉已经证明了现代无线电的所有基本原理：

1. 天线或架空线；

2. 接地；

3. 含有电感和电容的空—地回路；

① 莱顿瓶是一个瓶里瓶外分别贴有锡箔的玻璃瓶，瓶里的锡箔通过金属链与金属棒连接，金属棒的一端是一个金属球。由于它是在莱顿城发明的，所以叫作莱顿瓶，这是最初的电容器。

② 德国盖斯勒用稀薄气体创制了放电用玻璃管，即盖斯勒管。

4. 可调节电感和电容（供调谐用）；

5. 按相互共振调好的发送装置和接收装置；

6. 电子管检波器。

在这些早期的无线电发射中，特斯拉使用了振动接点而使接收系统中的等幅波变成音响。几年以后，开始采用晶体检波器来接收火花式发射机的信号。于是，这就成了商业无线电的可行方法。

记者问他，商业无线电何时成为现实。

他回答道："自科学界开始研究非物质现象的那一天起，10年内所取得的进展，将会超越人类此前几个世纪所取得的所有成果。"

半生心血付诸东流

1893—1894年，特斯拉作了一系列报告，详细阐述了无线电发送和接收方面的六项基本要求。他制造了一台设备，打算用这台设备在实验室与纽约市各个不同地点进行联络。

1895年初，特斯拉准备向距离纽约50英里处的西点军校（West Point）传输无线电信号。

就在他准备向西点传输无线电信号前48小时，一场横祸，突然降临。

1895年3月13日早晨，特斯拉在纽约第五大道的实验室突然失火。实验室里一切的一切，无一幸免。

他辛辛苦苦建立起来的一切，从六层楼一直塌落到一层，只剩下一堆烟气腾腾的废铁。

火灾把一切都烧毁了。特斯拉的研究，付之一炬。

只有他最亲密的助手科尔曼·西多辛才知道，他在无线电、无线输电、远距离操纵运载工具等方面从事的先进研究项目之多，在全世界还不知道的X光方面，他也已经取得了实质性的成果。

遭受的损失不计其数。特斯拉没有保险。即使有保险，也偿还不了他的损失。像他后来所说的那样，100万美元也无法弥补他在研究工作方面遭受的挫折。

黎明时分，寒气袭人，特斯拉茫然、颓丧地离开了这片废墟，神情恍惚地徘徊在街头，既不知到了什么地方，也不知过了多少时辰。

他失魂落魄地回到酒店的房间，躺倒在床上，两天两夜，也没起来。“我崩溃了。还能说什么。毕生的成果，瞬间灰飞烟灭。”

世界各地的报纸，第一时间报道了这一横祸：“半生心血付诸东流”“天才成果一扫而光”。

伦敦的《电气世界》的报道是：最大的损失是发明家的身体垮了。

纽约《太阳报》的查尔斯·A. 丹纳给予特斯拉最高的赞誉：“尼古拉·特斯拉的实验室和其中的精华毁于一旦，这不只是一场个人灾难，更是整个世界的不幸。毫不夸张地说，现今在世的、对全人类来说比这位年轻绅士更为重要的人物，屈指可数——绝无仅有。”

警察局对这场火灾调查了很久。火焰是从一楼靠近破布堆的地方开始的。问题就在于这些破布堆，特斯拉是不允许任何易燃物放在任何角落的。并且，破布堆必须有人点燃，浇上致命的燃烧物，这样大火才会从一楼向整座大楼迅速蔓延开来。

警察局判定，这是人为纵火。

选择在特斯拉准备传输无线电信号前48小时纵火，谁会是这场大火的获利者呢？谁是特斯拉的仇家呢？

警察局初步锁定在爱迪生及其手下的人。一旦无线电试验成功，特斯拉的地位就无人可撼动。

警察局深入调查，失火前，几个邻居看到形迹可疑的人在大楼附近走动。

爱迪生与通用电气公司是鱼水关系。调查爱迪生，就等于调查通用电气公司。

就在警察局准备立案时，局长接到了摩根得意门生柯菲恩的电话，请局长面谈。

这场面谈，内容无人得知。

大家只知道，局长当即下令，撤销调查，把人为纵火的所有证据，全部销毁。

这场火灾，后被定性为“自然失火”。

这场火灾，成了世纪悬案。

而这场火灾，让特斯拉跌落到了破产的边缘。

被烧毁了的特斯拉电气公司实验室，部分所有权归A. K. 布朗所有。特斯拉也没有他的交流电专利税了，从威斯汀豪斯那里，也领不到任何工资了。而他个人的全部储蓄，统统投资到研究设备上了。

三个月后，1895年6月，21岁的伽利尔摩·马可尼，在他父亲的蓬切西奥庄园，成功地把无线电信号发送到了1.5英里外的地方。

马可尼，1874年出生于意大利的博洛尼亚市。他几乎没有在正规学校读过书，只在家庭教师的指导下学习。

马可尼的父亲请了一位物理教授来指导马可尼。这位物理教授，是特斯拉的崇拜者，他把特斯拉的所有发明，包括特斯拉线圈的奥秘，特斯拉阐述的无线电发送和接收方面的六项基本要求，都教给了马可尼。

这位物理教授，不但允许马可尼使用学校的实验室，也准许他将实验仪器借回家中，还同意他借阅学校图书馆的所有图书。

马可尼借此机会，一口气读完了所有特斯拉关于无线电的阐述，并依照特斯拉的阐述，一次次试验。

就在特斯拉实验室着火，推迟无线电信号传输演示之后的第三个月，马可尼把无线电信号发送出去了。

得知这一情况后，特斯拉从颓丧中惊醒，他意识到自己必须马上兴建新实验室，加紧完成自己的无线电系统。

爱德华·迪安·亚当斯伸出了救援之手。这位投资人曾经组织过国际尼亚加拉委员会，为开发利用尼亚加拉大瀑布征集和审查各种相互竞争的技术方案。他是摩根支持的大瀑布建设公司的总经理。这家公司拥有开发尼亚加拉瀑布电力的特许权，而且选择了特斯拉的多相系统。因此他对发明家的情况十分了解，对特斯拉的天才也由衷地钦佩。

亚当斯不但投资了50万美元新建一家公司供特斯拉继续开展研究，而且他自己还认购了10万美元股票。同时，他还给了特斯拉4万美元作为筹办费。

特斯拉立即在纽约市寻找地方，准备新建一座实验室，很快就在东休斯敦街46号选中了一个地点。他装了一部电话，同时立即向威斯汀豪斯求援，请他们帮助更换设备。

特斯拉给西屋公司匹兹堡总部的负责人阿伯特·施密特写了一封信：“如蒙您利用手中的权力，从速发出我所需的物品，我将感激不尽。”

接着又一次写道：“请立即告知……您库存中现有何种最小规格的旋转两相变压器……”他还要求将机器加价快件发出，不要按照普通货物寄送。为了恢复已经中断了的研究工作，他心急如焚。

在无线电领域方面，一场国际竞争已经展开了。

谁抢在前面，谁就将撬动世界。

无论爱迪生还是英国邮电系统的负责人威康·H. 普利斯，都已着手研究利用感应效应的原始“无线电”。爱迪生在铁路沿线栽上电线杆并架设电报线，通过感应来桥接中间隔着的几十英尺距离。但是这些系统发出的电报所跨越的距离并不远，因此爱迪生也就失去了兴趣。

此外，奥利弗·洛奇爵士一年前还在牛津大学两座楼房之间传送过莫尔斯信号，距离几百英尺。他制成了一种发射机和接收机，方法是在一端开口的铜制圆筒里装上赫兹火花隙，使之能产生一束超短波振荡。

特斯拉向西屋公司总负责人说明，他所订购的机器要和他的振荡器接到一起使用，因此至关重要的是效率要高。他恳求道：“务请不惜工本。关于价格，我完全信赖西屋公司的公平买卖。”

西屋公司副董事长兼总经理向他保证，设备很快发货，而且价格尽可能低廉。

特斯拉再次给施密特写信，要求他尽一切办法把旋转变压器制造到最好。

他还找到匹兹堡的总电气师C. F. 斯科特，敦促他加快变压器的制造进度：“正当我的一些主张处于最有意义的发展阶段时，我的工作突然被打断了，我迫切需要这套装置来重新开始研究工作。”

过了几个星期，斯科特又收到了特斯拉以同样紧迫的语调写来的另一封信：“这方面工作对我的身体健康关系重大。我相信，恢复工作将对我的身体大有好处。”

在购买设备时，特斯拉也在考虑爱德华·迪安·亚当斯提出的建议，那就是将各方力量联合起来，组成一家新公司，从而取得摩根家族的强大财政支持。但同时他也对这个建议颇有戒心，因为他看到过摩根把汤姆逊—休斯敦公司和爱迪生电气公司统统吞并，组成了通用电气公司。而且他记得很清楚，摩根还觊觎并威胁过西屋公司。

不少人认为，特斯拉放过了摩根家族提供的可靠保障，是大错特错，他的好朋友约翰逊也是这种想法。特斯拉深深叹了一口气，感慨地摊开他的双手，说他要保护他珍贵的自由。

他相信，有了亚当斯提供的4万美元，他至少能把他的一些发明推进到商业阶段，因为这些发明都已接近成功了。

他和往常一样，把实验所需的时间和费用，大大低估了。

1897年春天，由于得到亚当斯的财政资助和威斯汀豪斯的支持，特斯拉又重整旗鼓。

6月，特斯拉带着几名记者在哈德逊河船上进行试验。这条船装有接收机，距离设在休斯敦街的新实验室有25英里远。就特斯拉的仪器而论，这点距离是无足挂齿的。

他告诉记者：“在地球的任何地点上扰乱‘静电平衡’，由此造成的扰动现象可以在很远的地方加以分辨。这样一来，只要制成具体的仪器，发出信号和读取信号的办法便切实可行了。”

特斯拉通过接收机试验，真正实现了相当远距离范围内的无线电通信，现在只待装置的进一步完善，以期达到任何距离。

8月，特斯拉在申请登记基本无线电专利之前，向《电气评论》杂志披露试验已经成功。但是报道写得很谨慎、很笼统："他已成功制造一台发射机和一台电气接收机。接收机能在相距很远的地点，灵敏地接受发射机发来的信号，不受大地电流或罗盘方位的影响，而且耗费的电能极少。"

特斯拉在《电气世界和工程师》发表了一篇有关无线电的文章。这篇文章最明确地阐明了无线电是什么模样——也就是我们今天所知的模样。他提出的是情报传输的全面概念，而不仅是从一个地点往另一个地点发送单个信息这样简单，在无线电的开路先锋当中，唯独特斯拉做到了这点。

特斯拉写道："世界电报从其作用原理来讲，可分为使用手段以及应用能力两方面，这同迄今为止的情况相比，是向前迈出了崭新的和富有成果的一大步。我毫不怀疑，世界电报对于启迪群众，特别是尚未发展好的国家以及边远地区的群众，非常有效，而且将大大增进普遍安全、舒适和便利，有助于维持和平关系，为此要设置若干台设备，所有这些设备都能够将单独的信号发送至天涯海角。每台设备最好都装设在靠近重要文明中心的地方，因而它通过任何通道接收到的消息，都可以传遍地球上的所有角落。然后把一个用衣服口袋就可以装下的便宜且简单的装置，安设在海洋或陆地上的任何地方，它就可以将世界消息或者给它专门发来的特别信息记录下来。这样一来，整个地球就变成了一个巨型大脑，它的每一个部分都能做出反应。单独一台设备只需要100马力动力，就可以操作数以亿计台仪器，因此这一系统简直具有无限的工作能力，它必定大大促进情报传输并降低其费用。"

当时很多人都意识到，这可以成为一种通信手段。但是，特斯拉是真正了解问题关键的人。我们需要在特定的频率上传输信号，而接收端则是调谐至专门针对这些频率的天线。这样才能够在空间中无数的信号里对应上我们所需要的那一个，进行有意义的通信。

又一次，特斯拉预言了未来世界的模样。

1897年9月2日，特斯拉的无线控制技术专利申请获得登记，编号为645576和649621。这是世界上最早的无线电技术蓝本。

但是，直到50年后，特斯拉才得到无线电发明的荣誉。

1896年，伽利尔摩·马可尼在发送无线电信号一年后，来到伦敦，随身带着一套无线电设备，他所发表的报告和特斯拉在1893年所做的报告一模一样。

特斯拉这些报告早已广泛流传，而且译成了许多种文字。当然也被译成意大利语。

不过，马可尼一直否认他读过特斯拉无线电方面的任何资料，而美国专利审查部门认定，从专利角度说，他的这种否认态度是完全荒谬的。

到20世纪60年代初期，美国最高法院只受理过11件专利案件，而在这些为数不多的案件中，就有两件牵涉到特斯拉的专利。

美国最高法院审理了涉及他的多相交流电专利以及无线电专利的案件，两个案件均判特斯拉获胜。

与哲学家辨喜的相识

在遭受实验室火灾的打击之后，特斯拉一度非常颓丧。

在那段日子里，感觉自己被碾成齑粉，我是如此的忧郁，如此的无助，如此的孤独，如此的灰心丧气，以至于我觉得自己根本恢复不过来了。

他说：“要不是长期采用电气疗法，我想我无法恢复过来了。电，给我疲乏的身躯注入了最宝贵的东西——生命的活力、精神的活力。它是一位伟大的医生，而且我敢说，是所有医生当中最伟大的医生。”

实验室重新建了起来，他的心情顿然开朗，他告诉记者：“每一个有艺术家气质的人，都怀着满腔热忱，不断激励自己振作精神，奋勇向前。总的来说，我的一生非常快活，比我能设想的任何一种生活都更为快活。”

他向记者介绍了研究工作中体会到的无比兴奋的心情。“当发明家看到他头脑中的某种创造正在取得成功时，他发自内心的激动，是人们体验到的任何激动都无法比拟的……这种感情能使一个人废寝忘食，能使他抛开友谊和爱情，抛开一切。”

遭受实验室火灾的打击之后，特斯拉一度非常悲观。就在他万念俱灰的时候，印度教导师——辨喜给他带来了无穷的力量。

辨喜（1863—1902），法名斯瓦米·维韦卡南达（Swami Vivekananda），辨喜是他的法名的意译。

辨喜是现代瑜伽的主要奠基者，是首位在西方讲授瑜伽和冥想、让全世界驻足聆听的灵性导师。他是全球化时代最早的亚洲思想家，20世纪最伟大的灵性导师，无数伟人眼中的圣人。

印度诗人泰戈尔说："辨喜的福音标志着人类在某种方面的觉醒……如果你想了解印度，那就研究辨喜。"

法国作家罗曼·罗兰说："辨喜的话语是伟大的音乐，语言气势近似贝多芬的音乐风格，激越的韵律又像亨德尔的进行曲。30年来，每当我接触到他的这些话语时，身心就像触电了那样的震颤。"

特斯拉非常偶然地遇见辨喜。从此，便对东方宗教思想有了浓厚兴趣。

1895年9月11日上午10点，世界宗教会议在芝加哥正式召开。来自全世界的数千位代表出席，特斯拉也应邀出席。

辨喜在演讲开始时说道"美国的兄弟姐妹们"，现场数千位代表，被他强大的气场吸引，不由地起身，报以长达两分钟的鼓掌和欢呼。

辨喜在会上发表了简短的演讲后，开始解答代表们递上的问题。

芝加哥的代表问："请问什么是业瑜伽？"

辨喜回答："它是一种试图通过无私行为或善行而达到自由的体系。业瑜伽行者可以不过问什么是灵魂，也不用思考任何形而上学的理论，他唯一目的就是实现无私，因此必须忘我地工作。一个人应当像主人，而不应当像奴隶那样工作。如果一个人允许自私或利己的思想支配自己的行为，那么他将变成自己欲望的奴隶。一个人必须是无所求的。"

纽约州的代表问："我们凡人能成为佛陀吗？"

辨喜以崇敬之心把佛陀视为楷模。他回答："佛陀竭尽全力地工作，而没有任何动机——既不为金钱，也不为名誉，更不是为着别的什么东西。只要一个人能做到这一点，他也会成为佛陀，并且由他身上产生出一种能够转化世界的力量。这样的人代表业瑜伽的最高典型。”

华盛顿州的代表问：“请问什么是人类宗教？”

辨喜回答：“有没有地狱或天堂，有没有灵魂，都不重要！瞧！这个世界就是个充满贫苦穷困的世界，像佛陀一样走入这个世界吧！尽一切力量来减轻困苦，或是为了要做到这一切而牺牲吧！忘掉自己是人生第一课，这一课不管你是有神论者或者无神论者、不可知论者或吠檀多论者、基督教徒或穆斯林……”

辨喜的精神信仰和开阔的心胸打动了与会代表，他成了世界宗教会议上最受欢迎的人。

第二天芝加哥有报纸报道：“人们见到了一个最震撼人心的人——辨喜，他用一口流利的英语，回答所有人的提问，他在会议上的演说，如同我们头上的天空一样宽广。”

辨喜在美国作了一系列演讲，受到了美国舆论界和学术界的追捧。辨喜认为，印度需要西方的现代科学观念和一种根本的变革，而把印度的哲学与精神真谛介绍到西方是印度人的义务和责任，他有志于把吠檀多的思想传播到西方。

辨喜的每一场演讲，特斯拉必到。他感觉遇到了知己。特斯拉拜托马克·吐温引荐，他希望可与辨喜面对面交流。

当时，与辨喜见面，是一种时尚。

洛克菲勒[①]与辨喜见面的情况是，辨喜坐在书桌后面，眼睛都不抬一下。过了一会儿，辨喜告诉了洛克菲勒许多除了洛克菲勒本人之外，别人都不知道的一些事情，以此让他理解他所积累的财富都不是他自己的，他只是一个渠道，他的义务是向世界行善事——上帝给予

① 美国实业家、慈善家，以石油工业与塑造慈善的企业化结构而闻名。1870年，他创立了标准石油，在全盛期他垄断了美国90%的石油市场，成为美国第一位10亿富豪与全球富豪。

他财富，是让他有机会帮助别人。

洛克菲勒很恼怒，没有人敢以这种方式跟他讲话，指导他应该如何做事。他气冲冲地离开了房间，连一声再见都没说。

但是，大约一周后，与第一次一样，事先没有任何通知，洛克菲勒又忽然来到辨喜的房间。

看到辨喜还与上次见面时一样处变不惊，洛克菲勒将一张纸扔在辨喜的书桌上，上面写着他向公共机构捐赠一大笔善款的计划。然后，对辨喜说："好了，你现在应该满意了吧！你应该为此感谢我。"

辨喜没抬眼睛，拿起那张纸，静静地阅读，说："你应该感谢我才对。"

这是洛克菲勒对公众福利的第一笔数量庞大的捐款，他也因此开启了自己的慈善事业。

马克·吐温带着特斯拉来拜访辨喜，受到的却是完全不一样的礼遇。

马克·吐温与特斯拉刚走进大门，辨喜听见他们的笑声，就从自己的房间走了出来，对马克·吐温和特斯拉双手合十，施见面礼。

辨喜在印度就听说过天才特斯拉。他也已经听说了，年初，特斯拉的实验室付之一炬，他看出了特斯拉心如死灰。

辨喜泡上喜马拉雅山麓的红茶，请两位朋友饮茶，不由地讲起自己的过往。

1863年，辨喜出生于加尔各答，他的父亲是加尔各答高等法院的一位律师，受西方文化影响很大，母亲则信仰印度教。21岁，辨喜在大学读书时，父亲的离世和破产使全家入不敷出，为了寻找工作曾饱受社会的歧视，常常衣衫褴褛、忍饥挨饿地漂泊在街头。

我由于饥饿而濒于死亡。我光着脚从一个办事处晃到另一个办事处，但都遭到拒绝。我体会到了什么是人类的同情。这是我第一次与现实生活真正接触。我发现在这种生活中是没有贫弱者、穷苦者和被遗弃者容身之地的……

1888—1894年，辨喜以托钵僧的身份，游历印度。在这次漫长的旅途中，辨喜遇到形形色色的人，有挣扎在生死线上的贫穷农夫，有富裕的王子和公主，有只为生计劳碌的底层百姓，也有伟大的圣哲。

辨喜强烈地感到有一种内在的动力促使他去寻找减轻印度人民苦难的方法和途径。

他到美国已有半年，发现了西方人对财富与权力的贪得无厌和人与人之间的残酷竞争。他看到了潜在的悲剧——在对能量的不自然消耗之下的一种可怜的疲惫，一种轻浮面具之下的深层的悲哀。

他说："世界的苦难不能单靠物质力量来治疗，除非人性得以改变，否则，这种物质需要将会不断提高，苦难感也将会不断增强，因为不管有多大的物质帮助，也不能彻底地救治人们的苦难，这个问题的唯一解决方法是要使人类变得纯洁。"

特斯拉与辨喜在一起

特斯拉与辨喜，一见如故，很快成为相知相惜的好友。

特斯拉恢复实验室后，辨喜是第一个拜访者。他看完特斯拉的实验室后立即致信给在印度的灵性大师阿拉辛和。他兴高采烈地向他描述自己与特斯拉见面的情景：

"特斯拉不同于其他西方人。他向我展示了他的电学实验。他对待电就像是对一个有生命的生物一样。他和它交谈，命令它。我与来自上帝的最高层次的人通了话。毫无疑问，他具有最高水平的灵性，能召唤来我们的神。在他多彩的电光里，我看到了我们所有的神：毗瑟挈（印度教主神之一,守护之神）、湿婆神（印度教的主神之一，作为世界的毁灭者和重建者而被崇拜）……我甚至感觉到梵天（宇宙最高的永恒实体或精神）的存在。”之后，辨喜经常去实验室找特斯拉，一起探讨宇宙学方面的“本质”问题。

辨喜看了特斯拉线圈，深感其与吠陀教有共通之处。

辨喜希望特斯拉能用物理阐释我们叫作物质的事物根本就是潜在的能量，因为这将使现代科学和古代《吠陀经》的教授内容相吻合。

特斯拉对吠陀教十分入迷，在了解了prana（呼吸）、akasha（空间本身）、kalpas（一昼夜时间）的内容之后，他称这就是现代科学应该揭示的终极要义。

特斯拉只花了半年时间，就对印度的吠陀哲学全然理解，也因此，在后来表述物质及能量的各种“本质”问题时，特斯拉采用了“梵文”去命名，以表达对东方古文明智者们的无限感念与敬佩。

受辨喜的影响，特斯拉成了一位梵文大师。跟随辨喜去美国布教的一些印度大师，惊呼特斯拉已经达到了不可思议的“梵我合一”的境界。

辨喜回到印度后，与人谈话时不时提到特斯拉：“今天最杰出的科学家告诉我，《吠檀多》[①]里所讲到的意识有多么正确。我跟他有私交，此人几乎没时间吃饭，也没时间走出实验室，却在我的《吠檀多经》的讲座中听了几个小时。据他说，《吠檀多》如此具有科学性，它们跟时代如此地吻合，它们正是今天的现代科学所要得出的结论。”

辨喜从特斯拉的研究中得到灵感，他这样写电力：“再举一个例子，我们可以将电力传输到世界的各处，但我们得使用电线。而自然，可以不用任何电线传送巨大的电力。为什么我们不可以做到同样的事情呢？我们可以将思维的电力传送到任何地方。”

---

① 吠檀多，梵语名，印度六派哲学中最有势力的一派。吠檀多的解脱论即是亲证梵而达到梵我合一。分为净心、获智、舍弃一切行为、智成就四个阶段。

一只振荡器引发的“地震”

1898年的一天，特斯拉在东休斯敦街46号的实验室里，进行了一个很不同寻常的实验。

他把一个小小的闹钟振荡器装到一根铁杆上，精确调整振动频率，使得整栋大楼颤动了起来。

他按了一个开关，便在一张靠椅上坐了下来，仔细观察和记录周边发生的每一点情况。

随着振动速度越来越快，实验室里的东西，一件接一件地共振起来。椅子、桌子、机器突然摇晃和跳动起来了。把频率增强以后，一件家具安静下来了，但另外一件频率合拍的东西又会“发疯似地跳起舞来”，跟着又是另外一件。

特斯拉没想到，振荡器发生的振动沿着铁杆往下传递，力量逐渐增强，并通过曼哈顿的下层建筑向四面八方扩展。楼房晃动起来了，门窗嘎嘎震响，左邻右舍慌忙冲出房屋，涌到街上。

街上，全部是碎玻璃，而处于震中的他，对外面发生的一切，还毫无察觉。

警察局很快查明全市别的地方都没有发生地震，于是当即派出两名警官对特斯拉的住处进行搜查。

特斯拉对房屋周围引起的骚乱，不是太清楚，但他觉察到地板和墙壁发生了震动。他猛地意识到必须立即停止试验，便随手抄起一把锤子，把小小的振荡器砸了个粉碎。

两位警官猛跑进大楼，迅速冲进门来，正巧碰上特斯拉转过身来，向他们客气地点了点头。

“先生们，很对不起，”他说，“你们正好晚了一步，错过了一场有趣的实验。不过，你们今天晚上要是能来，我一定在这个平台上另外装一个振荡器，让你们都站上去试一试。我保证你们喜欢这玩意，你们一定会非常开心。不过现在你们必须离开，因为我还有许多事情要做。”

当记者来访时，他满不在乎地告诉他们，如果他愿意的话，他用几分钟就可以摧毁整座布鲁克林大桥。

他告诉记者，他用一个大小不超过一只闹钟的振荡器做了另外一些试验。他将振荡器接到一根两英尺长、两英寸厚的钢杆上。“很长一段时间里什么也没有发生……但是到了最后……这根粗大的钢杆开始颤抖了，而且抖动得越来越厉害，以致竟然像一颗跳动的心脏一样一胀一缩，最后断了！”

他告诉记者说，这根钢杆是大锤打不断、铁撬棍也掰不折的，可是用微微一点力量——连婴儿也吓不着的微微一点力量连续不断地迅速敲打，却可以把它折断！

他把一只小小的振荡器装到上衣口袋里，带着记者，想到街上去寻找一座尚未竣工的钢铁建筑物做实验。他在华尔街地区果然找到了一座，它有10层楼高，上面什么也没有，只有钢铁骨架。他把振荡器夹到一根钢梁上。

在场的记者记录下了这个时刻：“没过几分钟，钢梁颤动了。渐渐地，颤动强度不断增大，而且扩展到了整个钢铁结构。最后，钢结构开始发出嘎嘎的响声，而且左右摇晃，来到工地的工人，个个恐慌万状，都以为发生了地震。消息一下子传开了，说是这座楼房就要倒塌，接着警察后备队也出动了。没等发生严重后果，特斯拉就把振荡器取下来了，把它装回口袋，溜之大吉。要是再等10分钟，他可能已把这座楼房夷为平地。而且特斯拉可以使用这个振荡器，在不到一小时的时间内，振垮整座布鲁克林大桥。”

他对记者说，不要小看这个小小的闹钟振荡器，它可以将地球劈成两半，“就像小孩劈开一个苹果一样”。他继续对记者解释说，地球振荡有周期性，大约是每109分钟是一个周期。“这也就是说，如果我此刻拍一下地球，就有一个收缩波穿过它，过了109分钟，收缩波就变为膨胀波的形式反射回来。实际上，地球也像任何别的东西一样，处在永恒的振动状态之中，不停地收缩和膨胀。”

现在我们假设，正当地球开始收缩的时刻，我将一吨炸药引爆。这对收缩产生增强作用，过了109分钟，就有一个同等增强的膨胀波返回。假设当膨胀波退却时，我又引爆一吨炸药，于是进一步增强收缩波，假设我们一次又一次地这样反复进行爆炸。会发生什么？地球就会被劈成两半！难道还有什么疑问吗？在我的心里，是没有任何疑问的。人类有史以来第一次掌握了这样的知识，可以用它来干预宇宙的进程！

记者问特斯拉需要用多长时间才能将地球劈开，他稍留余地地回答：“可能要几个月，也可能一两年。”

他说，只要几个星期，他就可以造成地壳上升和下降几百英尺的振动状态，让河流冲出河床四处泛滥，把建筑物破坏殆尽，摧毁一切。特斯拉说：“空间是可以劈开的。那将会得到什么？我也曾这么想过，撕开空间，看看外面到底会怎样？一层，还是几层，还是其他模样？”

“我可以将地球劈成两半，但是永远不会这样做！”

特斯拉，用一只闹钟的振荡器，开启了“遥控自动学”。

记者问他，是不是掌控了什么特殊的魔力。

特斯拉平静地说：“时间越长，我越清楚地认识到，我只不过是一台被赋予了运动、情感和思想的‘宇宙力机器’。”

很久以来，我一直在试图发明“自动遥控机”——具有一定智能的机械装置。它的巨大发展潜力终有一天会为人们所认识。我深信，这种装置必然可以被制造出来，并将给工商业和制造业等各个领域带来革命性的影响。

特斯拉建立了一门新的科学——地球共振频率，称之为“遥控地质动力学”。

特斯拉对调频、共振着了迷。他认识到，可以利用同样的振动原理来探测远距离物体，例如船舶或潜艇。他还希望利用符合地球常数的机械振动来测定矿床和油田。这就是现代地表勘探技术的先声。

特斯拉同意奥尼尔提出的一种理论，那就是：在严重地震灾害地区安装一组陀螺仪，每隔相等的固定时间将推力传导入地层，从而能在力量薄弱的岩层中造成共振，赶在发生严重振动之前就将岩层的压力加以释放。

他介绍了自己发明的一种体现遥控地质动力学技术的机器，已经使用这种装置将机械波送入地下6英里，而这种机械波的“振幅要比地震波小许多”，通过一段距离以后损失的能量很小。这些机械波不用来输送电力，但是可以将信息传递到世界任何角落，而且只要有一个袖珍式的微小装置，就能接收这些信息。这种机械波进行传播时，不受天气的干扰。

特斯拉毕生都在研究机械共振的可畏潜力。他获得了普遍的本质结论——物质是对处于激发态的以太①的有组织部分的表现。这些表现之一就是电磁振荡。不同种类的共振提供了现象间的联系。如果物理

① 以太是一种统一的未分化的场，包含时间、空间、能量；物质形态只不过是在以太场里共振过程的结果。

实质能简化为电磁场的相互作用，那么数学就是描述这些关系的合适理论。反过来说，如果电磁振荡能影响思维，它们具有相同的自然特性，那么数字就是电磁场有组织结构的一种反应。

他告诉记者，他可以跑到帝国大厦，“在很短时间内将它化为一堆碎砖烂瓦”。所用的机械只是一个微小的振荡器，“一台小小的发动机，小到你可以将它塞在衣服口袋里”。要带动这台小小的振荡器，只要2.5马力动力就够了。

他说，首先会将这座摩天大厦的岩石外墙崩掉，然后这整座用钢铁架成的庞然大物——曼哈顿地平线上的骄傲和光荣，便会一垮到底。

说到这里，特斯拉将一只微小的机械收进他的衣服口袋里，满不在乎地大摇大摆走开了，嘴里还背诵着《浮士德》里的诗句。

那些原来不以为然的人，就会一整天不得安宁。

“若把物体的振动和地球的谐振频率正确地结合起来，在几个星期内，就可以造成地动山摇、地面升降的情况。”这种小输入强输出的超级传输效应，被称为“特斯拉效应”，是地球物理武器的关键，特斯拉也是“超距武器”的奠基人。

新发明：遥控的潜艇

1898年2月15日晚，美国一艘特殊战舰“缅因”号在古巴哈瓦那港外突然爆炸，约266名水手葬身海底。

惨剧发生的第二天，美国海军部长西奥多·罗斯福誓言要追查爆炸原因，美国总统麦金莱命令紧急组成一个海军调查团前往调查。以威廉·桑普森为首的调查团于2月21日开始调查工作。

有些证人提到，听到了相隔几秒的两声爆炸，他们认为前一次是水雷，后一次是水雷引发了“缅因”号的弹药库爆炸。

3月25日，桑普森向美国海军部提交了一份报告，认为藏在海底的水雷是“缅因”号爆炸的原因，但是无法查清是谁埋下的水雷。有人认为水雷可能是故意被埋下的。至于是谁干的，有人猜测可能是想挑起美国与西班牙矛盾的古巴起义者，也可能是对美国干涉古巴事务非常愤恨的西班牙人，或者是西班牙政府。

海军调查报告让美国舆论沸腾了。媒体掀起了对西班牙宣战的宣传浪潮，充满了“牢记‘缅因’号，让西班牙下地狱”的口号。

美国向西班牙宣战。

1898年，特斯拉42岁。他许多神奇的发明，都在这一年出现了。

3月，特斯拉制造出世界上第一艘无线电遥控船，注册了无线控制技术。

他小范围地展示了自己的新发明——遥控的潜艇。这种自动船引起的反响是前所未有的。

早在1893年，特斯拉就已经开始从事制造遥控装置。在后来的两三年时间里，他制造了几种可以远距离遥控的机械，而且给那些来实验室参观的人作过演示。可是实验室火灾之后，这些活动就中断了。

一名费城通讯社记者出现在特斯拉实验室门前，他说："特斯拉博士，听说您有一种无线电装置，可以用来同百英里以外的战舰进行通信联络。"

"确有其事，"特斯拉说："我设计过一台完整的机器，它能进行许多种不同的操作，但是一直拖到1897年我才算制造完成……1898年初第一次展出时，我产生了一种感觉，那是我在其他发明上从未有过的感觉。"

记者请他讲讲这台机器的用途。

特斯拉说："可惜我不能对您详谈，更不能告诉您我的机器是怎样的一种东西。如果美国舰队能使用这种装置，在战争中就会取得优势。我的发明能对美国有如此大的用处，我感到骄傲。"

可是，对于一个说话带着欧洲口音的人来说，要想做到让美国政府接受他的这项发明，谈何容易。当时，针对外籍人的"追查奸细"活动正在兴头上，警察如果在街上碰到一个不幸的西班牙籍美国公民被人打得头破血流，会故意扭过头去，当作没有看见。有时候还把这些"奸细"抓起来，严刑拷打，最后可能将他们驱逐回国。

安德鲁·卡内基预言，"不久之后，我们将会形成一个团结一致的讲英语的种族，将能防止世界上的许多罪恶"。

4月，特斯拉到华盛顿去见美国专利局主审员西莱，表示他要把这项发明献给政府。

特斯拉很清楚无线电遥控船只的军用价值，他的理想是将它用作终结战争的手段。

西莱听了哈哈大笑。

6月，主审员西莱来纽约观看特斯拉的遥控机器船，特斯拉亲自给西莱遥控表演。

西莱看后表示，这种机器简直不可思议。西莱离去时说："你的申请看起来令人无法相信。"

19世纪末，新技术和新发明犹如火山爆发，短短100年内出现的新生事物比过去1000年还要多，所以当时的美国专利局内部弥漫着自满的气氛。

当时担任美国专利局和商标局局长的查尔斯·霍兰德·杜尔曾经请求关闭专利局，因为"一切能发明的东西都已经发明出来了"。

特斯拉踌躇满志地向美国专利局申请专利，却遭到了拒绝。

他一不做二不休，决定举行一场声势浩大的演示。他最初制造了两艘无线电控制装置船只，其中一艘是可以遥控的潜艇。

在这次演示中，他准备拿出潜艇。

特斯拉为之日夜操劳，那一天终于在隆隆炮声中来到了。

纽约麦迪逊广场花园第一届电气博览会开幕了，尽管阴雨绵绵，仍有1.5万人前来参观。

特斯拉向公众演示了无线电遥控船只。首次将自己发明的无线电波遥控机器人展示给世人。

他在一个室内游泳池展示他的遥控船，他称"遥控船"为"远程自动化"。

投资者们惊奇地看到特斯拉遥控操纵水中的一艘小船。

这是世界上第一台无线电遥控装置。它看起来简直有独立的思考能力。

有人问：64的3次方是多少？

遥控灯立刻闪了4下。

观众们震惊了，要求特斯拉

无线遥控模型船

揭开顶盖，证明里面的确没有藏着人。

特斯拉开始了表演的高潮部分。在众人紧张的注视下，他通过无线电启动，让机器做出前进、停止等动作。

有人大喊：天呐，这一切都是魔术，特斯拉在用意念控制着那艘船。

有人大吼：这是骗局，船舱里其实有一只经过训练的猴子，特斯拉通过心灵感应让它驾驶小船。

大众关注的焦点，主要在于特斯拉是否有魔力，或者特斯拉是否欺骗了观众的好奇心，似乎没有人注意到这场表演所展示的遥控技术和机器人技术的深远意义。

在那个只有几个人了解无线电波的时代，现场很少有人留意到，特斯拉采用他自己设计的脉冲编码将操作指令传达给无线电启动，经过解码后完成实际操作。

这正是未来远程控制技术的雏形。特斯拉还设想安装一个简易逻辑门电路，以阻止接收其他人发出的指令。

这是人类历史上第一个用无线电波成功控制的机器人。

在观众席上，坐着未来的海军中校E. J. 克温贝，第二次世界大战期间，他曾在佛罗里达的基韦斯特布负责海军的电子武器研究工作。

他在参观特斯拉的历史性展览时还是个小孩。他对当时的情景作过如下记录：“我同父亲到了展览会，我亲眼见到了一个世纪后才开始实现的太空航行的最初模样。特斯拉并不使用莫尔斯电码，他也不使用任何大家知道的语言来发送信息。他使用自己的编码脉冲，通过电磁波直接控制那个最早的无人驾驶舰艇。他将参观人的指令译成电码，舰艇的接收机又自动将这些电码译出，使之变为实际操作。”

特斯拉展出的世界第一台用无线电操纵的机器人自动船，开创了无线电的一个非凡发展阶段，成为现代无线电技术的先驱。仅仅这点就足够了，而他同时还要介绍自动化，令人惊愕。

去现场观看的专利局官员们，终于同意授予特斯拉“远程自动化”专利：613809号，“移动舰船和汽车控制机制的方法及设备”。

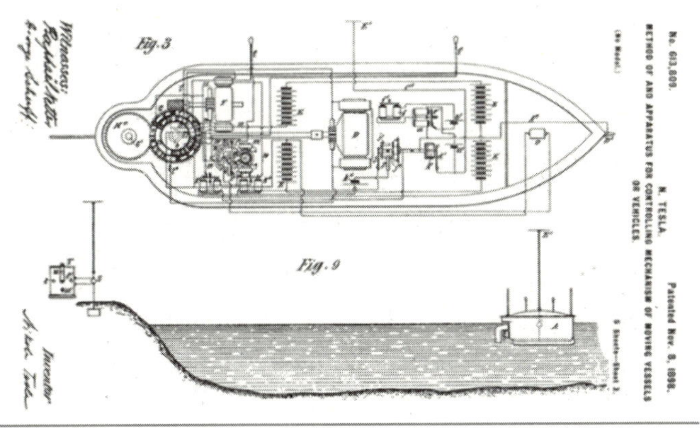

特斯拉的无线遥控船只示意原图

20世纪60年代以前，无线电遥控一直是新鲜事物，美国专利局一直认为这是不可能实现的。但是特斯拉在博览会上证明了专利局的看法是浅显的，他通过无线电波来操作螺旋桨和灯光，从而成功地控制了无线电遥控船只。

这项发明在三个不同的领域获得了广泛的运用。

首先是远程遥控，例如电视和车库门的遥控器就是运用这项技术。

其次是船，船也是初期机器人的一种，因为它是一种机械的、不用人工直接控制的物体。

再次，将机器人和无线电控制技术相结合，特斯拉的无线遥控船只为无人驾驶飞机的产生带来了灵感。

11月，特斯拉拜访了海军部长西奥多·罗斯福的助理迈耶。他向迈耶演示了无线电遥控船只，他认为美国海军会对遥控鱼雷艇感兴趣。

美国人民会立刻伸出手，承认我的发明。是的，我是一个普普通通的美国人。如果政府要我干什么事情，我都表示欢迎。

不过，令人意想不到的是，爱迪生和迈耶是好友。爱迪生已经给迈耶提前打了招呼。

迈耶交叉着手，无动于衷地望着特斯拉。

特斯拉说："如果美国舰队能使用这种装置，就会取得优势。"

特斯拉继续向迈耶详细介绍了自己建造的"自动遥控的艺术"：它是一种机器人，同时也是一种遥控科技。

他提出了一种不带任何船员的鱼雷艇。这种鱼雷艇有一个带有蓄电池的电动机，用来推动螺旋桨，还有一些较小的电动机和蓄电池，用来带动操舵装置；另外就是专供电气信号灯光和舰艇在水中沉浮所使用的电动机和蓄电池。鱼雷14英尺长，共有6枚，分两排立放，一枚放射出去时，另一枚就落入炮位。

特斯拉告诉迈耶，这样一艘鱼雷艇的建造费用只要5万美元左右。

特斯拉说，用不了几艘这样的舰艇，就可以"攻击并摧毁整个舰队，在一个小时内将其彻底消灭，而敌人连对方的影子也摸不着。根本不知道火力从何而来"。他希望迈耶认真考虑。

特斯拉没有想到，这位海军助理对海军装备一无所知。

迈耶始终交叉着手，什么也没有看懂，什么也没有听懂，最后终于吐出爱迪生灌在他脑子里的话："这个系统过于复杂和脆弱。"

特斯拉试图把系统说得更明白些。

迈耶离去时说："这是一个不可能实现的美梦。"

特斯拉在制作遥控科技的消息一传出去，他就收到了当时在奥地利的马克·吐温寄来的一封信。这位幽默大师在信中写道："你一直在研究发明吓人的毁灭性武器，有了奥地利和美国专利了吗？如果有了，你能不能给它们定个价钱，并且委托我代售？这两个国家的内阁大臣我都认识，德国的我也认识，威廉二世也不例外。"

马克·吐温的信很长："在我住的旅馆里，一天晚上有几个人一起谈论用什么办法说服各国与沙皇实行联合，并且实行裁军。我对他们说，最好找些别的办法……不能光在几张到头来会烂掉的纸上搞裁军……请一些大发明家来，让他们搞点名堂来制裁舰队和军队，使其无能为力，用这种办法叫战争从今以后再也打不起来。我毫不怀疑，你已经注意到这点了，而且就要用一种实际的办法给全球带来裁军和永久和平。我知道你是一个大忙人，但还是望你百忙中抽空给我简短复上一信。”

特斯拉回信说：“我不想后人记住我，是因为一种巨大的毁坏性力量。我希望做战争终结者，那才是对我的最高赞美。”

马克·吐温回信：“你的成就，好像是一位喝醉了的神做的梦。”其实，用这句话来概括特斯拉的一生也是再恰当不过的。

特斯拉的遥控潜艇太先进了。美国海军负责人迈耶声称这是一个不可能实现的美梦。而正在观看在水池中进行的小型海战演习的官员，也认为这只是一种“实验室战争体验”，绝不能扩大应用于实战。

特斯拉在麦迪逊广场公园的实物演示，无疑是这次展览中最富于预见性的实验，但是别的发明家的演示活动，也使观众惊叹不止。马可尼用上了特斯拉的振荡器，展出了无线电报如何引发“古巴炮”并将地雷炸掉。爱迪生展出的是后来使他费力不讨好的“磁力选矿机”。

在当时，纽约电子协会主席迈克尔·普平与爱迪生、马可尼，被称作有权有势的三巨头。他们都相信无线电投入商用会有利可图，因此携手联合起来了。

迈克尔·普平是哥伦比亚教授，是塞尔维亚籍美国物理化学家，也是特斯拉同乡。他15岁时来到纽约，当时口袋里只装着一枚5分镍币（比特斯拉多1分钱）。后来他去装煤，每吨可以挣50美分。通过努力，他获得哥伦比亚大学和剑桥大学物理学位。

他曾经看出过特斯拉交流电系统的优越性，由于“赞扬”这种新技术，他几乎落到被哥伦比亚大学电气工程系开除的境地。

电气工业界巨头根本不把技术精湛的特斯拉放在心上，这使普平深感不安。他指责说，这些巨头所操心的，无非是谨防他们的直流电系统被交流电系统排挤掉。

爱迪生需要这位纽约电子协会主席、特斯拉的同乡，在学术上围攻特斯拉，这样对特斯拉的打击更彻底。

爱迪生花了大价钱，收买了普平。

从此，普平、爱迪生和马可尼三人结成了同盟。

爱迪生利用海军“冷藏”遥控潜艇的“利好消息”，组织舆论界，对特斯拉的遥控潜艇，发起了攻击。

普平也组织大学教授，在学术上，写反驳特斯拉发明的文章。

《电气评论》发表了N. G. 华尔绥的文章，题目叫作《特斯拉电气控制船质疑》。作者的意见是，这种控制方法可以被敌人反干扰。

《公众意见》杂志也以《科学和耸人听闻》为标题，发表了批评特斯拉的研究工作及其研究方法的文章。

在这种情况下，《世纪》杂志总编约翰逊，忍不住拔刀相助，要与华尔绥笔战。

特斯拉给约翰逊写了一封信，恳请约翰逊不要为他出战：

我知道您是个高尚的人，是一位忠诚的朋友，我知道您对这些无缘无故的攻击感到愤慨，因此我担心您忍不住要挺身而出。我恳请您无论如何不要这样做，否则只会叫我生气。让我的“朋友们”把肚里的坏水都倒出来吧，我觉得这样更好。他们要向科学协会抛出那些毫无价值的方案，反对本来值得赞扬的事业，好端端地往人们眼睛里撒沙子，那么就让他们去撒吧，到时候他们要自食其果……

我只要举出开尔文勋爵、雷利勋爵、伦琴的言论，就可以轻而易举地将这里面的论点一一驳倒，这些伟人们都高度评价和肯定我的劳动成果。但是我鄙夷这样做，因为这些攻击太无耻了，我不屑一顾……

拿自己试验X射线

早在1891—1893年，特斯拉就在一系列报告和各种实验表演中，提到了“可见和不可见”光，而且他还使用了铀玻璃和各种不同的磷光和荧光物质来探测辐射。

1894年秋天，特斯拉在曼哈顿汤涅尔照相公司协助下，对磷光体的辐射强度进行了试验，“我的仪器可以产生的爱克斯光（X射线）的能量比一般仪器可以产生的要大得多”。

有一次，特斯拉用克鲁克斯管（阴极射线管）为实验室照明，并给马克·吐温拍了照片，但照片冲洗后显示，特斯拉拍下的并不是马克·吐温的面貌，而是马克·吐温的颅骨图像。

这些图片及特斯拉使用的克鲁克斯管，被登载在电子杂志上，世人皆知。

特斯拉成为历史上第一个发现X射线的人。

1895年3月，他的X射线研究资料也在实验室大火中被烧毁了。

1895年12月，德国科学家威廉·康拉德·伦琴宣布发现了一种神秘的能量，并称之为“X射线”。这一时期，特斯拉的新实验室已建成，他刚重新完成了X射线研究，正准备向世界宣布。

伦琴注意到，当他把感光胶片放在手和铅屏之间时，胶片上就会出现手部骨头的图像。不久后，伦琴把他的研究结果和他妻子的手部

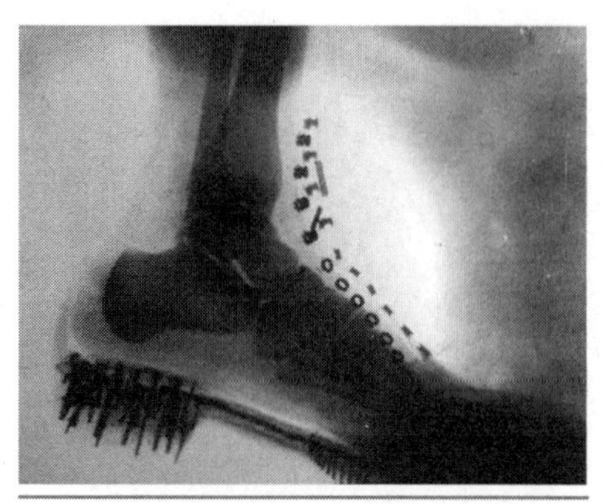

特斯拉拍摄的脚部影像图

照片公布于世。在照片中，可以看到伦琴妻子的手骨头及其手指上的婚戒。

特斯拉拍了一张穿着鞋的脚部影像图寄给伦琴，并祝贺他的发现。

伦琴随即回信给特斯拉："这些照片很有价值。烦请您告知制作这些照片的方法。"

影像图在X光机的发展中起了重要的作用，X光机从来无法拍出像特斯拉那样清晰的图像。

伦琴的X射线机，只能照出手和脚的模糊阴影，而特斯拉却在相隔40英尺的距离，用40分钟时间拍下了人的头颅的清晰照片。

当时，特斯拉被这种新的神奇力量深深地迷住了，他相信，他发现了一种"刺激"大脑的方法，因此反复给自己的头部进行拍摄。

只要照上20—40分钟，就可看出头颅的外形轮廓。有一次照了40分钟之后，不仅清楚地看到轮廓，而且可以分出眼窝、下颚以及下颚与上颚的连接部位，脊柱以及脊柱与颅骨的连接部位，还有肌肉甚至头发。

它有催眠效果，时间似乎过得很快。它让我镇静，我感到头的上部有温暖的感觉。我有一名助手，他自己也昏昏欲睡，而且觉得时间消逝得很快。

根据这种效应，特斯拉越来越相信辐射是由能够穿透脑壳的物质流组成的。他最先提出，X射线可以用于医疗，提出可"将化学药物注入人体内部"。

为了试验X射线，他拿自己当试验人，详细记录下X射线对他的身体及大脑所造成的影响。

1897年春天，因为X射线照射过量，他病倒了几个星期。他记录下了后果："由于X射线过量，眼睛经常爆发突然性阵痛。双手也不时地痉挛。"

"最严重的一次"，他记录道，"局部皮肤的颜色发暗变黑，而且有了水疸，这就是预兆有病了。皮肤一层层脱落，里面的肉都露出来了……同时出现发烧和火辣辣的疼痛等症状。我有一位卖力的好助手，我亲眼看到他腹部也害上了这种疾病。"

这是受到一只高电荷管照射之后发生的，距离只有几英寸，照射时间仅5分钟。但是除了皮肤损伤以外，他发现这种辐射能让肌肉深部感受到温暖。这种发现使他深受鼓舞，于是决心继续进行治疗学方面的研究工作。

特斯拉很难测定自己受到X射线辐照，究竟能达到什么程度。而且就大脑来说，至今的确仍未弄清人对高能电磁场的耐受量为多少。

特斯拉以及早期对X射线进行试验的其他科学家，是在一个危险的领域里进行探索。十分清楚的是，辐射对于探测人体内部的异物或骨骼裂纹是很有用处的，可是要了解辐射的全部医学潜力以及此种射线对人体健康的影响，必须冒着生命危险进行反复的摸索研究。

当时，X射线的发现，引起全世界的追捧。

"我有生以来，"迈克尔·普平写道，"还没有见到任何一项发现像X射线的发现那样，引起全世界的持续关注。每个物理学家都扔下他们手中的研究课题，挤向这项研究……"

迈克尔·普平宣称他于1896年1月2日在美国首次制得X射线，比伦琴在德国宣布发现此种射线只晚了两个星期。

爱迪生也挤进这一行列。爱迪生在公司合并后，转向采矿业，他花钱在新泽西州买了上万英亩的低品位铁矿，发明了巨型的机器来碾碎矿石。爱迪生采用新的选矿法，不仅铁矿质量比旧式机械生产的要好，而且售价低了许多。他乐观地估计：不出七八年，就可以每年生产出价值1000万—1200万美元的矿石，净赚300万美元。

不幸的是，1898年，明尼苏达州发现了很大的铁矿，这里的铁矿不仅品位高，分布广，而且可以露天采掘，成本低廉，铁矿石的价格陡降了三分之一，如此情况下，爱迪生就不得不亏本生产，200万美元的投资打了水漂，51岁的爱迪生不但耗尽了全部财产，而且还负了很多的债务。

陷入困境的爱迪生对X射线也非常感兴趣，迅速给他从前的一位同人发了一封电报，敦促他抛开一切事情，找一批人去试验新的“伦琴”辐射。

他说：“不等别人喘过气来，我们就要搞出些名堂。”

爱迪生立即着手试验各种化学试剂，并且赶紧报道说，钨酸钙晶体能在屏幕上产生良好的荧光。

爱迪生制作了荧光镜——有窥视孔的盒子，并于1896年拿到纽约中央大楼的电气展览会上展出。美国人破天荒第一次有机会看一看他们身上骨骼的阴影，都吵吵嚷嚷地挤进队里等候一个位子。许多人因为等不到观看自己大脑的活动情况的机会，大失所望。有一名赌徒给爱迪生写了一封信，说要向他订购一台X射线机，因为他想在赌法罗牌时用它来对付庄家。

从理论上说，眼睛失明可以用X射线治愈，于是医生们就进行这类“治疗”。但是适得其反，辐射会造成眼睛“闪光”，而且一旦辐射过量，就会引起白内障。

特斯拉指出，没有任何证据可以证明X射线能治疗失明，他认为，给大家这种虚幻渺茫的希望太不近情理了，他反对这种做法。

爱迪生却坚信不疑，认为眼睛失明可以用X射线治愈。结果，爱迪生的双眼因为照射X射线而损坏了。他的一名助手也得了一种逐渐扩散的皮肤癌，没几年就去世了。

1901年，首届诺贝尔奖颁发，伦琴获得诺贝尔物理学奖，成为史上第一位诺贝尔奖获得者。

但我们不得不承认，伦琴发现X射线，恰恰也是从特斯拉使用的克鲁克斯管（阴极射线管）得来的灵感。

一份献给世界的免费礼物

1898年，特斯拉告诉纽约一家报纸，他已经“开发利用了太阳光线”，他将使太阳光推动机器，用它发出光和热。这项发明还处在试验阶段，但是他宣称，绝无失败的可能。同时，他还发现了用太阳光生产蒸汽的方法，让这些蒸汽推动蒸汽机，然后生产出电力……

可谁曾想，当特斯拉研发出太阳能发动机时，世人以为他是“狂想家”。

特斯拉说，他的太阳能发动机，结构十分简单。他不想把原理讲出来，他担心那些唯利是图的人会抢先申请专利，将这个发明控制起来。

而特斯拉“要把这个发明，作为一份免费礼物献给世界”。

他让《皮尔逊杂志》的查昂西·莫戈文看他的发明，据他说，这项发明有一点秘密之处。

一座有玻璃顶棚的宽大房间——一个室内太阳能发电站，当中摆着一个巨大的厚玻璃圆筒，装在用石棉和石头铺成的底座上。圆筒四周，包围着裹有石棉罩的镜子，将太阳光线反射入玻璃圆筒内，圆筒装满水，水已用一种秘密化学方法处理过。他说，这是这套系统中唯一复杂的部分。

将经化学处理过的水，放在太阳光下照射一整天，使其吸收热量，蒸汽便源源生出，把普通的蒸汽发电机带动起来，生产出电力供给家庭和工厂使用。电力确实很充足，还能储存一部分电力以备阴天使用。

特斯拉说，他发明这样简单的系统，准会遭到煤矿家们的嘲笑。但是，用这种方法来生产，电力的成本很低，而且他相信，改进和制成一种蓄电池来储存一整年用的电力，以备发电设备发生事故时使用，是轻而易举的事情。

他宣称，这种系统"比现在省事多了。现在人们千辛万苦，甚至不惜冒着生命危险挖一个坑钻到地底下，刨出几把煤，让发电机转上一阵子，然后又继续钻进钻出，再挖出一些煤"。

他希望看到他的太阳能发电机不但取代煤，而且取代木材，取代动力、光和热等。

特斯拉的太阳能装置，受到了美国煤矿界的通盘封杀。

有人放言，如果有任何银行投钱给特斯拉，将会在48小时之内破产。

没有一个投资人敢投资给特斯拉。

特斯拉的太阳能装置，一直没有投入商业使用。

如何把自己的各种发明变为实用?

特斯拉一直在孤军奋战。

这种孤独与无助，在深夜加倍涌来。

多年来，特斯拉坚忍不拔地做出的异乎寻常的发现，证明他已经越过实验室的试验阶段，已经到了进行工业规模的实用试验的时候了。

当时，如果能有一个像乔治·威斯汀豪斯那样的人给他资金支持，也许太阳能就会提前100年到来。

但是，当时没有人敌得过煤矿家们。那时是煤矿家们的天下。

特斯拉坚信自己对未来的想象，坚信自己的发明都能一一实现。

1898年底，特斯拉接到乔治·威斯汀豪斯的一项紧急请求，要他提供一种"将交流电变换为直流电的简单而经济的装置……"

这位匹兹堡实业家为了驱动电气列车，不但要解决别的问题，而且一心想变换电流。

特斯拉立即答复说，他已反复考虑过这个问题，已经有“不止一套装置可以安装到您的回路上，而且对这些装置的需求量将会很大”。

特斯拉不但相信，而且也公开宣称，只要铁轨铺设得当，使用交流/直流电运行的列车，安全行车速度可达每小时200英里。

像往常一样，他的这种说法，气坏了那些修建铁路的专家们。

正是在这个时期，一个重要人物闯入了特斯拉的生活。在他为纽约科学院准备报告材料时，乔治·谢尔弗成了他的新助手，为他提供幻灯片和阴极管。

谢尔弗开始担当特斯拉的秘书，后来成为他的财务和法律顾问、记账人、办公室主任、股东、家务总管、朋友；在特斯拉处于严重的经济拮据时期，他几乎是“有求必应”的应急贷款来源。不管处境顺利还是艰难，他对特斯拉始终忠诚不渝，不求回报。

不管工作时间多长，报酬多么微薄，也不管特斯拉有时有多么考虑不周，谢尔弗始终没有抱怨过一句。他真心实意地尊敬特斯拉，他比任何人都更加知道特斯拉的难处和可贵之处，凡是特斯拉的私事，他到死都守口如瓶。

造出最猛烈的闪电

特斯拉感到，自己设在纽约的实验室，已经不再是进行试验的一个安全稳妥的地方了，他的试验工作对一座拥挤的城市而言，已经过于危险了。

利用无线电传输能量，特斯拉认为在高海拔地区也是可以实现的。所以，在1899年筹集到资金后，特斯拉准备在科罗拉多斯普林斯建立一个实验室，在那里他可以做高频高压实验。

特斯拉在给列昂尔德·科蒂斯的信中写道："我的线圈能产生400万伏电压。电火花从墙壁蹦到天棚上，容易引起火灾，这是一种秘密试验。我必须有电力、水和自己专用的实验室。我要找一名能听从吩咐的好木工。为了从事这项试验，阿斯托尔、克劳福德还有辛普森愿意为我出钱。而我要在深夜里，当电力负荷最小时，才进行试验工作。"

列昂尔德·科蒂斯担任科罗拉多斯普林斯电气公司的律师，他曾在"电流之战"中公正地捍卫过特斯拉和威斯汀豪斯的权利。收到特斯拉的信件后，他立刻着手为特斯拉的到来做准备。

特斯拉接到了科蒂斯从科罗拉多斯普林斯寄来的回信，对于特斯拉来说，这就是一份捷报。

一切准备就绪，土地免费使用。您住阿尔塔·维斯塔饭店。我在市电力公司里有股份，因此可以为您免费供应电力。

特斯拉喜出望外，全力投入准备工作，特别是订购预备运去的机器设备。与此同时，他还把助手谢尔弗以及车间助理科尔曼·西多请来，大家几乎昼夜不停，为搬家做准备。

至关重要的是将资金重新安排好。亚当斯在尼古拉·特斯拉公司里认购股份而付给他的4万美元，早已花光。著名的采矿工程师约翰·海斯·哈蒙德爵士给他的1万美元，也已在电气展览会上用来安排他的无线电及机器人展出活动，分文不剩。

在这种情况下，辛普森和克劳福德纺织品公司，借给他1万美元，供他开展目前的研究工作。华多夫·阿斯托丽亚饭店老板约翰·阿斯托尔上校，为在科罗拉多斯普林斯兴建新的试验研究站，捐款3万美元。

当时，马可尼已在伦敦、萨里斯堡平原以及布里斯托尔湾成功地演示了无线电装置。

特斯拉不以为然，他的想法是，一旦自己在科罗拉多站稳脚跟，他就要全力以赴地立即实现一个双重目标：远远赶在马可尼之前，建立一套世界范围的无线电系统，同时摸清楚如何既不用导线，又能源源不断、无偿将电力输送到世界各个角落。

1899年5月11日，特斯拉乘火车离开纽约，中途在芝加哥停留，再一次展出了他的无线电控制船只。5月18日，他到达科罗拉多斯普林斯，前往阿尔塔·维斯塔饭店。他事先查看了吱嘎作响的电梯，然后选择了207号房间。

拨给他的土地，位于科罗拉多斯普林斯以东约一英里，尖峰山脚下。这一带，原来是奶牛的放牧场，附近有科罗拉多盲人和聋哑人学校。选定这块地方是有所考虑的。地平面的海拔高度为6000英尺，空气清新、凉爽，充满了静电发出的噼啪响声。

特斯拉入驻阿尔塔·维斯塔饭店，当地记者蜂拥而至。他会见了一些当地记者，向他们透露，他计划在1900年巴黎博览会开幕之际，从派克斯山峰（附近的一座山）向巴黎世博会发送无线传输信号。

记者问他，是不是将信息从一座山峰传至另一座山峰。

他骄傲地回答，我不是到科罗拉多来表演绝技的。

事实上，他的真实计划更具雄心。“我现在确信，只需要通过简单的步骤，就可以通过大气层传输电信号。”

特斯拉已经制造了能产生400万伏电压的特斯拉线圈，并将其称作放大发射机。放大发射机有三个线圈，直径为52英尺。它可以产生数百万伏电流并制造出“人造闪电”，闪电最高可达130英尺，是当时最大的人造闪电。

而现在他还要制造比之高得多的电压，以便为在全球规模上进行传输的装置供应电能。

试验在极端保密的情况下进行。虽说自从来了这位著名的发明家以及堆积成山的神秘设备以后，这片人烟稀少的地方也开始门庭若市了，但还是要尽可能保证信息不被外露。

不久，特斯拉登门拜访了当地一位木匠——约瑟夫·多西尔。特斯拉对他说明了试验站的计划，多西尔同意加入并立即动工了。

特斯拉又给在纽约的谢尔弗接二连三地发信，要求把他的工程助手弗里茨·洛文斯坦派到西部来：“他必须到这里来监督建设工程和安装设备。”

特斯拉在市郊搭建了一栋平顶房作为实验室。在它周围圈上了一道栅栏，栅栏上标着几个大字：“生命危险，严禁靠近。”

试验站开始兴建时，像一座巨大的方形粮仓，建成时，却变得像一艘桅杆高耸的船只。房顶开有一个洞口，一座塔尖从中穿出，顶端离地面80英尺。塔尖竖着一根金属杆，高122英尺，直插云霄。金属杆尖顶上立着一个直径3英尺的大铜球。

试验站完全建成后，大门外立了一块牌子，上面赫然写着但丁

《神曲》中的一句话“Abandon hope, all ye who enter here”（入此门者，舍弃希望）。

谢尔弗为特斯拉源源不断地输送着器材。特斯拉在信中对谢尔弗描述：“这是一座方形建筑，里面有一个直径52英尺、高约9英尺的线圈。当线圈调整到谐振时，电流光从顶上通到底下，景象十分壮观。瞧，流光面约有1500—2000平方英尺。我为了省钱，将尺寸计算得尽量紧凑，因此流光伸展到了距离房屋四边只有六七英寸的地方。”

所有机器设备一运到施工现场，立即移入站内并安装妥善。形形色色、大小不一的线圈或高频变压器都一一装配起来了。原来设在休斯敦街实验室的一套特制的双箍初级电路，也从纽约运来了。这条电路配有电路继电器，用来带动放大发射机。

6月中旬，设备已全部安装完毕，各种试验的准备工作正在全力推进。这时，特斯拉也安装好了一台接收机变压器，准备用它试验测定地球的电势，按照一项缜密的计划，他希望研究地球周期性的和偶然性的波动。

他在次级电路中安装了一种控制记录仪器用的灵敏度极高的装置，然后将初级电路接地，并将次级电路装到设在高处的终端上。这样做产生了令人惊奇的结果：电势的变化引起了初级电路中的电涌，而电涌产生次级电流，次级电流又按其强度成比例地影响灵敏记录仪。

我们发现，地球的的确确因有电振荡而生机勃勃，我也很快就被这一有趣的研究工作深深吸引住了。我要进行的这类观测，在任何别的地方都赶不上这里的机会好。

特斯拉认为，地球不但是一个优良导体，而且“空气上层能导电”，同时“据全部试验证明，高度颇低而易达到的空气层，也具有完美的导电通路”。

科罗拉多的天然雷电天气不断频繁出现，而且有时候威力很大。

有一次两个小时内发生大约1.2万次放电，距离特斯拉的试验站都不超过30英里。据他形容，其中许多次就像是铺天盖地的巨大火树，树干自上往下倒着长。

到了6月末，特斯拉发现了一种奇异现象，他的仪器受到距离很远的放电的影响，其程度甚于附近放电的影响。“这使我十分迷惑不解。原因何在?”

一天晚上，草原上空布满了繁星。特斯拉在草地里步行回家，他忽然意识到，闪电现象正是电荷在空气中的无线传播，不是电信号，而是电能。强大的电能从一个地方传送到另外一个地方。空气分子本身被高电压离子化成为等离子体，因此在某个瞬间，其成为导体，就像一段导线那样传送电能。“我的直觉被唤醒了，我觉得我接近了一种伟大的启示。”

由此，特斯拉证明了：泥土是导电体，他预见地球按6、18及30赫兹谐振。

特斯拉开始建造有史以来规模与能量最大的特斯拉线圈。

一架145英尺的天线高耸屋顶，顶端是一个铜箔圆球。实际上，整个建筑就是一个人造闪电装置。一旦特斯拉建成了这座高能量设备并投入试验的话，就连最猛烈的暴风雨临时发出的闪电，也能仿造出来。当发射机启动时，在距离试验站12英里半径范围内的避雷器，就与连续不断的猛烈电弧相连接。这些电弧比天然闪电造成的电弧更加强烈，更能持久。

他说:“1亿伏电压是完全可以达到的。这样一种电路，可以用任何一种脉冲甚至是低频脉冲来激发，而且能像交流发电机一样产生正弦连续振荡。”

“这种共振变压器除了具有这些特性之外，还能精确地进行调整以适应地球以及地球的电学常数和性能。由于这种设计上的优点，它具有极高的频率，而且能有效地进行电力的无线输送。这样一来，距离就彻底消除了，被传输的脉冲强度不会减弱。根据一项精确的数学定律推算，它甚至有可能使作用强度随着与装置的距离的加大而增强。”

事实上，特斯拉的放大发射机，是世界上第一台具有足够功率、能在地面——电离层波导中造成超低频谐振的放大发射机。

特斯拉在科罗拉多制造的这套放大发射机，被他称为他一生中最重大的发明。的确，正是特斯拉的这项发明，使他的那些“对手们”，对他望尘莫及。

他在信中对谢尔弗说：“在我的脑海里，许许多多的想法接踵而来，一纵即逝，我只能捕捉其中很少的一部分。而在这很少的一部分当中，我有时间和精力搞深搞透的，只有极少数。而且常常还会遇到另外一位也有同样想法的发明家，他要抢先把这些想法搞成功。哎，不瞒你说，这真叫我心焦呵。”

为了给特斯拉鼓舞士气，谢尔弗在信中写道：“洛文斯坦先生已将您出色的研究工作的一些情况告诉乌尔曼先生和我，我们知道，您走在别人前面不止100年，而是1000年！”

永远不会忘怀的日子

1899年6月3日，是特斯拉永远不会忘怀的日子，这一天他终于首次获得了有决定意义的实验证据，证明了一个对于推动人类向前发展具有无比重要意义的真理。

这天晨光熹微，特斯拉看到一大片带有强烈电荷的云团汇集在天上。一场猛烈的暴风雨以极快的速度从平原上横扫而过。

他发现一道道强烈而持久的电弧，按照几乎相同的时间间隔闪现。他备有一套记录仪器，从仪器上可以看出，电活动的指示数随着暴风雨的远去而不断减弱，最后一同消失了。

我怀着热切的期望在观看，稍过一会，指示数又重复出现，而且越来越强烈，在达到顶点之后，又渐渐减弱并再次停止。同样的情况按照有规则的循环间隔多次反复出现，直到最后，根据简单的计算证明，暴风雨的运行速度近于恒定，隐没到了大约300千米之外。但是，这类奇怪的情况此时仍不停止，而是继续表现出来，强度经久不衰。

特斯拉很快就对这种“奇异现象”的真正性质有了把握。“无论怎么说，我看到的毫无疑问就是驻波[①]。

他将这次发现的意义总结如下："乍看起来似不可能，但事实上，我们这个星球尽管广袤无比，却像尺寸有限的导体一样活动。从应用该系统输送电力来说，这个事实具有极其重大的意义，这点我已经十分清楚了。"

我很早以前就认识到，不但可以不通过导线将电报信息发送到任何距离，而且还能将人声音的微弱调幅信号传播到整个地球。更有甚者，还可以将无限数量的电力几乎毫无损耗地传送到地球上任何距离之外。

在特斯拉的眼里，地球是一个装有电流体的巨大无比的容器，电流体的谐振形成一系列就地凝结的波。"现在可以肯定，能使用振荡器在地球内造成驻波。"

"这点有着极其重大的意义。"他已经知道，要经地球任一地点输送电力和发送情报信息，可以使用两种截然不同的方法：或者通过很高的变换比，或者通过谐振增强。现在他经过电振荡器的试验之后得出了一个结论：输送电力以第一种方法为最好，但为此需要消耗小量电能。至于无线电，无疑以第二种较好和较为简单。

进行试验的那天晚上，他穿上黑色的阿伯特王子式外衣，身上藏着手套和一顶黑色的圆顶礼帽。

来到试验站时，他看见勇敢的西多已经等候在那里。西多负责操作开关，好让特斯拉从试验站门口观察效果。特斯拉必须一边观看房

---

① 驻波（standing wave）是指频率相同、传输方向相反的两种电波，沿传输线形成的一种分布状态。其中的一个波一般是另一个波的反射波。在两者电压（或电流）相加的点出现波腹，在两者电压（或电流）相减的点形成波节。在波形上，波节和波腹的位置始终是不变的，给人"伫立不动"的印象，但它的瞬时值是随时间而改变的。如果这两种波的幅值相等，则波节的幅值为零。

屋中央的巨大线圈，一边观看天线顶上的大铜球。

一切准备好了，特斯拉大声给出指令："开始！"

第一次试验时，只许合闸一秒钟。按照规定，西多把开关"砰"的一声拉起，他紧盯住怀表上的秒针，几乎立即又将开关拉断了。

在这短暂的一瞬间里产生的效果，果然不错：次级线圈冒出一道道火舌，电光带着噼啪声在飞蹿。

进行正式试验时，特斯拉要到室外才能清楚地观察天线和铜球。

"当我给你信号时，"他对西多说，"你就把开关合上，然后保持不动，等到我再给你信号时才拉闸。"

接着他给出指令："注意，合闸！"

西多按照指令合上电闸，一动不动地站着，准备一有指令就把开关重新拉断。

强大的电流汹涌地通过初级线圈，线圈制造出巨大的闪电，在房间里横冲直撞，放电的巨大声响震耳欲聋。

特斯拉闪电模型

西多抬头一看，只见线圈上到处都是汹涌起伏、四处蹿动的火舌。空中到处是电火花。雷电一次又一次地爆发，越来越猛，而西多还在等待指令，否则他不能将开关拉断。

西多从他所站的位置上没法看到特斯拉，心里开始嘀咕，这位发明家是不是已经被雷电击中？试验站的四壁和天棚已经开始燃烧起来了。

而特斯拉，沉浸在狂喜之中。他可以看见，试验站的上空，天线杆顶端的圆球，蹿出1000英尺高的闪电。

闪电猛烈的声响撼动着大地。电光闪闪，雷声隆隆。在这座像谷仓一样的建筑物里，放射着异样的蓝色光亮。大草原上空不断爆发出轰鸣和闪光。大地似乎苏醒了，放电器发出的隆隆雷鸣，方圆20英里以内都能听见。

雷电一次又一次地向外迸发。人类何曾与上天诸神如此亲密接触?

在实验室中，特斯拉得到了1000英尺的强大放电，成功制造出了一场全球最大的人造闪电！

他不由得想起了自己在格兰大街的实验室里观察到第一个小火花时的情景，从格兰大街实验室的第一个小火花，到此刻的1000英尺的强大放电，这是什么样的跨越和惊喜。

我终于制造出了闪电，它的能量已经超过自然界中的闪电。

特斯拉不知道他在那里站了多久，后来才知道，是60秒，整整一分钟。

突然间，一切都沉寂下来了。

他对西多大叫道："你怎么搞的？我没有叫你把开关拉掉。立刻重新合闸！"

西多并没动开关。停电了。

特斯拉冲到电话跟前，接通科罗拉多斯普林斯电力公司电话，他责备他们切断电力，而且要求他们立刻恢复供电。

电力公司的回答斩钉截铁："是你把我们的发电机毁坏了，这里已经起火了！"

特斯拉实验所需的电力已超过电力公司可提供的电力。

科罗拉多斯普林斯整个市镇，陷入一片黑暗。

火被扑灭以后，一台备用发电机立刻投入运转。特斯拉提出让这台发电机为他供电，电力公司拒绝了。

特斯拉提出由他带领一小队技术熟练的工人，到发电厂免费修理那台主发电机。过了一个星期，发电机修理完毕，特斯拉再次得到电力供应。

阳光一样普照四方的光

1899年,《电气评论》发表了特斯拉的文章,标题有点诙谐——“担心天空会被一把大火烧着”。

特斯拉介绍了自己发明的放大发射机,认为“它产生的电压能远远超过迄今我们用过的电压”。有了它,电流就“可以输送到设在高空的一个终端。那里大气稀薄,能自由传导这种生产出来的特殊电流。在需要使用电力的相距很远的地点,可以在大约相同的高度上设置第二个终端,用它来吸引和接收电流,并通过特殊的办法将其传回地面,然后加以转换和应用”。

文章附有一张插图,上面画着一道道流光,代表由一个单独线圈源源射出的250万伏电压。

特斯拉说,有了电谐振工具以及精确同步的电路,就可以从空气中提取氨,用它制造宝贵的肥料。就连光,“像阳光一样普照四方的光”,也可以通过比平常更为经济的方法造就,而且灯泡永远不会烧坏。

特斯拉的试验工作,一直在继续。试验高频振荡器、无线输送电力、收发信息、高频电场的有关效应等。他的这些试验,无不引人入胜。

虽然他在围栏和房屋上竖起了警告字牌,但是邻近的燕子还是爱飞到房后唯一的一个窗口前,挤着身子“偷看”试验,使他不得安宁。

特斯拉索性把窗子钉死了。这样做的原本目的是为了更专心地实验，却没想到自己差点因此断送了性命。

操控强大电流的主开关，很难徒手扳动。为了易于操作，特斯拉安装了一个弹簧，只要轻轻一碰，开关就会开启。但他很快就看出，这样一项革新虽然带来方便，但很不安全。

一天，特斯拉将西多打发到城里，一个人进行试验。

他在线圈旁边检查什么东西。这时，开关突然开启了，顿时屋子里到处充满电流光，而他无处可逃。

他想打破窗子冲出去，但是手头没有工具，徒劳无益。一时也没有更好的办法，他只好趴在地上想慢慢爬出去。

初级线圈电压是5万伏，他匍匐前行。亚硝酸的气味特别浓，熏得他透不过气来。这些流光虽然强度不足，但面积广大，因此将氨迅速氧化。当他爬到狭窄的地方时，流光直贴到他的背上。他挣扎出来，刚刚伸手将开关掰开，房屋一下子就着火了。

他抡起一支灭火器，将火势压了下去。

他给助手路卡写了一封信，在形容这件事时，他说，他驯服了一只野猫，而自己全身上下被抓得鲜血直流。

但是路卡，在这些伤痕中，蕴藏着一种思想—— 一种思想！

一想到马可尼和爱迪生组织了舆论界，正在媒体上对他进行围攻，特斯拉不由得悲愤不已，他不解且无助，“我在好些方面取得了辉煌成就，可是我多么伤心，好些参加辛迪加的无线电报业同行，一味大放厥词，撒谎造谣！他们提出的论点没有哪一点站得住脚，而我的系统呢，路卡呀，说真的，使用起来是那样完善，一丝不差……”

特斯拉所说的是马可尼与美国电学家威廉·普利斯一道，跨越布里斯多尔海峡向8英里之外发出了无线电信号。如今（1899年）又跨越英吉利海峡再次重复他的试验。

特斯拉在科罗拉多对罗伯特·约翰逊透露，他有绝对把握不用电线便可向1900年巴黎世界博览会发射出信息。“谨向狂热的法国人致意！”

来自外太空的信号

特斯拉和他的助手们，每夜在雷鸣电闪中工作，个个用棉花堵住耳朵，在鞋底钉上厚厚一层软木或橡胶掌。

尽管如此，他们仍然觉得震耳欲聋，好像有什么东西往耳朵里猛扎。每次试验之后，耳朵里的嗡嗡声和疼痛，往往要持续几个钟头。

一天深夜，特斯拉正在实验室里操作大功率、高灵敏度的无线电接收器，观察用接收器收到的闪电信号。

突然，特斯拉从接收器里听见了一个奇怪而有节奏的声音。对于这种有规律的声音，他怎么也想不出产生的原因。

莫非是太空行星上有生物，它们要和地球通信？特斯拉推测，声音很可能来自火星。这种从外太空传来有规律的声音的现象，当时还没有人听到过。

特斯拉记录下外太空电波的信号，记下了那个时刻。

我永远无法忘记那一刻，我第一次体会到，自己所观察到的这一切，很可能会对人类的未来造成很大的影响及改变。这使我感觉自己仿佛站立在一个科学新知的起源处，又像是站在一个伟大真相改革的起点上。当我第一次半夜独自在自己的实验室发现这些真相的时候，我感到非常害怕。因为它像是某种神秘的事物，也不能说它是超自然，不过当时这些信号感觉起来像是受到某种高智能控制。但是到目前为止，我还没有亲眼看过它们。

我注意到这些信号在固定的地方会有些改变，而这些地方的数值跟顺序非常明显，可是却无法追踪到它们的来源。我很清楚地知道，太阳、北极光和地球本身的电流也会产生一些电流信号，可是我很确定自己听到的这些信号，并不是从这些地方传来的。从我过去的经验推测，这些信号很可能是从外太空传来的。我当下有一个想法，这些信号很可能是受到某种高智能生物的控制而发出的。虽然我无法解读它们的意思，但我也无法把这些信号看成只是某种巧合下所传来的声音。我心底有一个很坚定的声音不断地告诉我自己，我听到的是从另一个星球传来的问候……我不只是看到一个愿景，而是从一个庞大真相那里取得了一个真实的信息。

特斯拉相信这个信号是从火星传来的。他还留下一段声明：

其他人可能会觉得我的这个想法很愚蠢，或是把这些当成是个可笑的笑话来看……就是可以和那些住在遥远外太空的邻居交谈，像……火星人。

我在科罗拉多斯普林斯的实验室里，第一次发现这个信号时，就有这种深刻的感受。当时，除了我的实验室可以发送出半径超过几英里的信号之外，附近区域都是不可能发送出无线电波的。此外我所发出的电波都是在理想状态下发送的，我非常清楚自己所发射出的电波信号是什么。所以这些被记录下来的信号特征，不太可能是地球本身所发出来的，而且我也已经把太阳、月亮和金星的干扰排除了。就像我先前所提到的，这个信号是由一串重复且规律的数值所组成的，让我相信这些信号一定是从火星发送过来的，因为它是离地球最近的一颗行星。

特斯拉在写给美国红十字会的一封信中写道：我接收到了来自另外一个世界的讯息。

特斯拉对以上的发现做了一个结论："这些信号，或是说这些奇特的非自然信号，确实是外星人想要跟地球交谈的证明。"特斯拉认为，"即使只是最简单的沟通方式，也能代表这是某种高智能生物从外太空传过来的"。

虽然特斯拉对自己的耳力深信不疑，然而他预感到，科学界同行在听到这一消息时准会发出轻蔑的嘲笑。结果果然不出他所料，当时许多天文学家都认为他疯了。事实上，当时甚至没有任何人知道宇宙无线电波的存在。

加利福尼亚大学里克天文台原主任霍尔登教授率先提出批评："尼古拉·特斯拉先生宣布，他肯定他仪器上出现的某些扰动是由地球以外某个来源发来的电信号。他说，这不是太阳发出的；他想，这一定是由外星上产生的；他猜测，很可能是火星。大凡研究一种不明现象的种种可能原因时，将不可能的原因逐个排除在外，是通常采用的高明推理方法。每位试验研究人员都会说，几乎可以肯定特斯拉先生犯了一个错误，他所说的干扰实际上是由空中或地下的电流产生的。有谁能知道，原因不明的电流并非来自太阳？太阳物理学至今几乎仍然不是很清楚。总而言之，如果我们还不太有把握，怎么能说电流是从'外星来的'呢？为什么把特斯拉先生仪器上的扰动强加到火星身上？难道就没有彗星可供考虑？仪器不会受到银河系里的大熊星座或者黄道光的干扰吗？随时都有可能对火星或者任何别的星球做出伟大发现。18世纪科学家们取得的胜利，仍然是有力的证明。但是，新的现象可以用旧的定律加以说明，通常也是非常可能的；只要特斯拉没有让别的试验人员看到他的仪器，还没有做到让他自己和别人完全信服，我们就可以万无一失地说，他听到的信号不是火星发出的。"

特斯拉的回答，一如既往的平静："科学家们懂得他们的理论一开始就是近似，所以他们从未指望从其理论导出的结论与真实世界无丝毫误差。”

特斯拉坚信自己的宇宙观。“我只是个平凡的人，没有什么特殊的能力。宇宙中的任何一小部分都包含整个宇宙的所有信息，在其中藏着的某个神秘数据库又保存着宇宙的总体信息，我只是很幸运地可以进入这个数据库去获取信息而已。”

特斯拉确信，宇宙中的确存在着某个神秘的数据库，它是保存这个宇宙世界所有机密的信息场。特斯拉进入了这个信息场，获取所需要的信息，他也幻想着人人都能接近那个信息场。

哈佛天文台的W. 皮克林教授发表了题为《来自火星的变化的光》的文章（发表于1901年1月16日《纽约时报》上），他在其中简单地提到：“去年12月上旬，我们收到了来自位于亚利桑那州洛维尔天文台的电报，电报中称他们观测到来自火星的强烈光束流持续了近70分钟。洛维尔天文台是专门观测火星的，观察者是一个行事谨慎的并经过认可和有经验的人，所以我们对他的报告毫不怀疑。我们立即考虑了这些事实并将留心来自欧洲和美国的电报。光线来自于一个已知的火星点，而这一点在以往的科学观测中没有任何异样。不管曾经有过什么，现在没有办法研究它。我们不能确定地说这是否标志在外太空有智慧的生物存在。”

当这个消息传出时，特斯拉正在纽约利用电磁场的共振特性做试验。受到来自洛维尔天文台的消息的鼓舞，特斯拉在报纸上的声明中暗示他已经发明了一种用于星际间通信的装置。

特斯拉认为物理系统的宇宙能量遵从和系统同步振动的共振定律。特斯拉认为物质和空间始终不能完全和严格地分离。特斯拉称带电状态是一种基于物质具有感知和意识特性的流动状态。特斯拉的见解是，过程的控制必定可以预见，也只有预见才能加以控制。

特斯拉有他自己的电磁学理论。特斯拉不仅发现了通过地球或大气层无损失地无线传输能量的可能性，而且他证明在这些波经过的空间里会出现空前的“破坏性能量”。特斯拉用了一些几何编码法则，像由忒勒斯、毕达哥拉斯、阿基米德发明的和谐序列规则（如同加法序列1 + 1/2 + 1/4 + 1/8 + ……项数无限的时候总和为2）。三天后他惊讶地发现竟然得到了回复。特斯拉猜测到了回复信号的编码原则，发现一张有着规则特征的人类的脸。起初他不能理解，如果谁制作并发送了这些图像信号，就证明他们已经知道了我们的文明或他们为了证实他们自己的想象，看宇宙中是否有类似的生物存在。

特斯拉确信："我的创造力并非源于我自身。我发明创造的灵感，来自于宇宙。"

特斯拉确信，宇宙中的所有物质，大到银河系小到电子，都具有智能，整个宇宙是带有智能的有机生命体。

我和电磁粒子天生投缘，彼此之间关系密切，我想掌握它们的行为规则，每一个产生电磁效应的基本粒子，都是极其复杂的实体，是带有智能的生命。从智慧的角度看，它们丝毫也不比你我差。与它们交流是一件时时发生、极其正常的事。

他能感觉到电子、电流、电磁的每一个微小的量子的意识。

我的大脑就像一个接收器，太空中存在着一切东西的核心机密，它是我们知识和灵感的来源。我没能了解这个核心的众多秘密，但是它的存在是不容置疑的。

1899年，特斯拉发现了宇宙无线电波。而当时没有任何人知道宇宙无线电波的存在。可以想象，特斯拉在当时是多么孤独，备受嘲笑，不被人所理解。

直到1932年，宇宙无线电波才被科学家证实是真的。这些发现开启了宇宙无线电波领域的应用，用来侦测遥远恒星的信号以及其他未知的神秘信息。

特斯拉听到的声音，可能是其他恒星发出的无线电波引起的。20世纪20年代，天文学家再次收听到这种计数电码。30年代，人们就开始将这些声音变换成编码数字输入数字记录器。

而现在，“收听”别的星球已成为家常便饭了。

马里兰州立大学物理学教授、HAARP项目科学顾问丹尼斯·帕帕多普洛斯说：“我相信特斯拉接收到了这些信号，我们今天通过射电望远镜也接收到了。如今的射电望远镜就是做这个的：从太空搜集无线电波。”

在科罗拉多斯普林斯的日子

在科罗拉多实验期间，特斯拉坚持每天记日记。

日记里，他记录了使用放大发射机产生的效应，至少在某些方面超过了天然雷电，它们能达到的最高电压为1200万伏左右，这和雷电相比是微乎其微的，但要是与他人此后几十年内制造的电压相比，却高得多了。可是在他看来，更为重要的是他的天线获得了1100安培的电流强度。此后许多年内，最大的无线电装置使用的也不过是250安培。

有一天，当他使用这样大的电流进行试验时，出乎他的意料，他竟然造成了一片浓雾。

那时外面下着薄雾，但当他接通电流时，实验室里的雾气变得更为浓厚，甚至达到伸手不见五指的程度。

根据这一情况，特斯拉有了一项重要发现："我深信，我们可以在干旱地区修建一座适当结构的装置，按照观测情况和一定的规则进行操作，通过它将取之不尽的海水抽上来灌溉土地，生产动力。如果在我有生之年无法实现，也会另有他人办到这点。总之我相信我的看法是对的。"

如果我们能造成所需能量的电，整个地球以及地球上的生存条件就可以改变。太阳使海洋中的水蒸发，风又将水吹送到遥远的地区，让水在这些地区里进入最精密的平衡状态。如果我们有办法在必要的地方和必要的时候打乱这种平衡状态，我们就可以灌溉干旱的沙漠，创造湖泊、河流，提供无以计数的动力。

特斯拉给马克·吐温写信，告诉他这个“地球可以用电力浇灌”的宏伟设想。很快，他收到了马克·吐温的来信，并问他放大发射机的前景。

深夜，他给马克·吐温回信。

最伟大的技术创新，在于促进人类团结与和谐的良好愿望，无线电发射器就是这样一个发明。利用它，人类的语音及其他声音可以在任何地方被还原出来，工厂使用的动力来自数千英里以外的水电站，空中机械可以毫不停歇地围绕地球飞行，人们可以利用太阳的能量出于运动目的创造湖泊与河流，将贫瘠的沙漠改造成肥沃的农田。它可以促成电报、电话以及类似设备的出现。

真实的回报与付出的劳动和所做的牺牲是成正比的。这就是我为什么对自己所有发明特别自信的原因之一，放大发射机将是最重要的一项发明，会给后代带来极大的价值。我之所以这样想，并不是认为它一定可以引发商业和工业革命，而是认为它可以让人类在诸多方面获得新的成就。

在日记里，特斯拉详细记录到，他通过巨大的振荡器，以每秒15万次振荡的速度将电子流注入地球之内，从而使地球发生电谐振，这样产生的脉动，波长约为6600英尺。

特斯拉得出的结论是，脉动在地球凸出部分向外膨胀，开始时周期不断增大，然后周期逐渐减小，但是强度增大。

在地球上正对科罗拉多斯普林斯的一个点上，即印度洋上法属阿姆斯特丹岛和圣波尔岛偏西地方，这些脉动相汇合。

根据特斯拉的试验结果，在这里形成一个巨大的“南极”，并且有驻波。这个驻波从科罗拉多斯普林斯“北极”传播而出，随着传播而不停起伏。此波每次退去之后又再次增强，并以比过去更加猛烈的力量弹回到相对极。

驻波在电南极和电北极之间来回奔驰，要想从上面汲取家庭用电，什么东西也不需要，只要这几个设备就够了：一台无线电调谐机、一套接地装置以及一支近房屋高的金属棒。

他预言：“许多年以后人类的机器可以在宇宙中任何一点获取能量从而驱动机器。”

日记中，特斯拉记录了自己发明感应电动机的全过程。

感应电动机采用交流电，基本上由定子和转子这两部分组成。定子保持固定，同时使用电磁体来转动中间的转子。感应电动机被认为是经久耐用、易于维护的机器，同时享有低廉的运行成本。

感应电动机有着令人难以置信的影响力，如今仍然应用在日常用品中，像吸尘器、吹风机和电动工具。

特斯拉要做的最后一件事情，就是让别的科学家观看他的仪器。

他在科罗拉多的研究工作已经结束，忙于拆除设备并准备启程，不知不觉中，1900年新年来到了，然后又过去了。

特斯拉对他在科罗拉多所取得的成绩，完全满意。他让雷电按照他的指挥棒跳舞；他把整个地球当成了一件试验设备；他收到了从别的星球发来的信息；他记录了从外太空传来的无线电信号。

更重要的，特斯拉在科罗拉多试验站，已经通过仔细研究和测算证明，无线系统可以传输任何规模的能量。它包含一系列新技术，是唯一以无线手段和低廉经济成本远距离传输电能的手段。

现在，他要奔赴新的世纪。

返回纽约

1900年1月7日，特斯拉离开了科罗拉多斯普林斯，登上了回纽约的火车。

他看着窗外，为人类的未来而激动。放大发射机已经证明是成功的，他可以向全世界免费传输电力和提供通信。

我可分开原子而不需要消耗任何能量。我在科罗拉多的研究十分精彩，它意味着以前做梦都不敢想的事情完全有可能实现。当我将心中的庞大计划付诸实践之时，是多么激动人心。

在科罗拉多的诸多实验，为特斯拉的下一个计划——建立一个无线能量发射设施，也就是即将出现的沃登克里弗塔提供了准备。

特斯拉回到纽约时，已经是一个崭新的世纪。

电力正驱动着这座都市快速发展，人们也都开始谈论新的时髦话题：无线电。

马可尼也于1900年来到纽约，游说投资人入伙他的新公司：马可尼美国公司。

马可尼向美国专利局提交了自己的无线电申请但被驳回，因为它的设计与特斯拉过于相似。

美国专利局给的回复，很明确：“对于马可尼，事情已经很清楚了。对于其他竞争者也是一样，那就是：特斯拉的系统是完善的、强劲的、可操作的无线电通信系统。”

1900年，在争夺长距离无线电传输的比赛中，马可尼渐占上风。世界报刊对马可尼的成就大肆宣扬，特斯拉对此嗤之以鼻。

特斯拉公开宣布一项计划，准备在他设在曼哈顿的办公室里，通过无线电控制系统遥控巴黎博览会上的一艘机器人自动船！

1900年春，特斯拉和罗伯特·恩德伍德·约翰逊看到F. P. 华登有限公司在报纸上登出一则广告：“生财有道……马可尼股票胜过你自己的双手劳动，保证你多赚100%—1000%！”

的确，英国马可尼公司的股票原来是3美元，而现在涨到22美元。

特斯拉确信马可尼盗取了他的专利，准备对他起诉。他读到广告的最后几句话：“马可尼系统受到安德鲁·卡内基和托马斯·爱迪生这些名人的称道，受到全世界新闻界的赞扬。爱迪生、卡内基和普平同是马可尼美国公司的顾问工程师。”

原来如此——他们三人串通一气盗窃了他的无线电发明！

特斯拉不失幽默地对约翰逊说：“我不在乎他们偷了我的发明。我关心的是他们没有自己的发明。”

几天后，特斯拉给约翰逊写了一封信，说他要打一场官司，他对争回赔偿一事满怀信心。

他在信中写道：“看过随信附寄的广告，我感到十分高兴，因为我从中得知，安德鲁·卡内基罪责难逃。赔偿损失，正好拿他试问，我的股票就要看涨！”

特斯拉相信，他已站在一项重大的革命性技术的最前沿。根据自己在科罗拉多所做的试验，他立即申请登记无线电和输送电力的新专利。

他返回纽约之后登记的第一项专利，是增加电振荡强度的方法。这种方法所用的介质是液化空气，通过它来冷却线圈并降低其电阻。

1900年和1901年他还获得了另外两项专利，内容是掩埋式输电线路以及通过冰冻周围电介质对线路进行绝缘的方法。另外一项重新出版的专利，涉及一种“气体”冷却剂。

过了许多年，到20世纪70年代，美国、苏联和欧洲才投入开发研究低温工程，开始探索使用超导体输送大量地下电力的方法。他们使用各种不同的低温封壳。设在纽约厄普顿的布鲁克海文国立实验室，在这一国际研究活动方面处于领先地位。布鲁克海文实验室的方法，与特斯拉的方法大抵相同，只不过现代的研究目标是将导体冷却到比绝对零度稍高几度。但是特斯拉在1901年登记的专利书里，已经谈到把导体过冷至大大低于其保持电阻时的温度，从而使导体在传导电流时尽量减少消耗。

在这方面，特斯拉的领先研究成果又一次被埋没了。

特斯拉为《世纪》杂志写了一篇关于未来新能源和技术的文章。

他为这篇文章取的题目，有着跨越百年的远见：《不断增长的人类能源问题》，并于1900年6月发表。

首先，让我们自问：是什么力量在驱动万物运转？只有一个来源：我们的太阳……

在这篇充满细节的未来预言中，他描述了一种用天线接收太阳能的手段，并称未来人们能够通过电能控制天气变化，机器将消灭战争，而所有的国家，将被纳入到一个全球广播系统。

当无线电技术充分普及时，地球将成为一个智慧集合体，能对其中的所有部分做出回应。

这篇文章表明，特斯拉是以全球观来考虑人类的未来的。

这篇文章引起了很大轰动。

特斯拉在超高压人工闪电下写日记

他在科罗拉多拍了许多照片，文章中也选登了几幅。

在其中一张照片里，特斯拉安详地坐在一张木椅上，聚精会神地埋头写日记，任凭足以击毙一屋子人的猛烈闪电在他头顶肆虐。这道光芒万丈的闪电是在不用导线的远距离输送电力下进行的，闪电是用大约800万伏高压造成的。

另一张照片是，特斯拉手里拿着一只不接电线的1500烛光的真空灯泡，灯泡光芒四射，可供拍照之用。

还有一张照片是，特斯拉带着一个线圈，由距离很远的振荡器发出的波供给能量，并按照他自己身体的电容调配好。身体“保持在强烈振动影响最小的一个节点位置上”，因而能免受伤害。被强大流光照亮的线圈端部，电压接近50万伏。

在这套令人惊叹的照片中，最后一张标有说明：“在这次试验中，操作人员的身体与一个振荡器直接连接，通上极高电压。照片上有一导电棒，一端装有一片规定尺寸的锡板，用手拿住。操作人员处在驻电波的顶端，导电棒和锡板被周围剧烈搅动的空气照亮。有一支真空管用于实验室照明，但装在天棚上，距离很远。由操作人员的身体传来的振荡，作用于这支真空管上，从而使其大放光明。”①

① 特斯拉的研究表明：空气本属于绝缘体，但在电谐振感应下产生电动势电流，单独一个终端的放电行为，可导致空气变得稀薄，而导性却增大，普通电流不能通过大气压，电谐振产生的电流却能通过空气，此时空气好比是铜线。这也是导电棒和锡板会在空气中发亮的缘故。

特斯拉拿着一只不接电线的真空灯泡

特斯拉研究的“电光火球”能拿在手里，然后装在箱子里，盖上盖子，然后又从箱子里把它们拿出来。这些“电光火球”好像有固定的结构，能保持数分钟之久。当然，特斯拉比当代的科学家更了解这些现象，他探知到了在自由空间熔解的秘密。

在《世纪》杂志上的这篇文章和这些照片，以及文章中提出的预测，将特斯拉进一步推上了争论的风口浪尖。

文章刚刚发出，就招来了爱迪生、马可尼联盟组织的媒体围攻，以此想要打消所有投资人的兴趣。

标题耸人听闻——《特斯拉——痴人说梦》。

“现在特斯拉打算，不用任何导线，而是直接通过天然介质——地面和空气，将大量电力输送到千万英里之外。这是做梦，是《天方夜谭》中的神话故事。”爱迪生在媒体上发起一轮攻势。特斯拉对背后的诋毁和诽谤，厌烦透了。他在返回纽约之后，一头扎进了实验室。

特斯拉常常感觉自己是孤独无依的。但在他人生的关键时刻，也总有那么几个人为他拔刀相助。

1901年2月23日，匹兹堡《快信报》发出电讯。

特斯拉先生满怀热情，对未来充满了丰富的想象力，这自然引起人们的冷嘲热讽。但是，谁要是闭眼不看特斯拉在电气发明家中首屈一指的地位，不懂得他实际取得了何等成就，谁就是对近代电子历史一窍不通。

《电气工程》编辑托马斯·柯默福特·马丁力挺威斯汀豪斯给予特斯拉的评价，他写道："特斯拉先生一向被认为是个空想家，都说他被那偶然爆发的火球的闪光弄花了眼睛。但是，他的同行兄弟们越来越心悦诚服地相信，因为他看得远，因此他最先窥见了在那真实的科学新大陆地平线上的曙光……"

在最先站出来的支持者之中，有一位卓越的建筑学家——斯坦福·怀特。怀特在纽约是最著名的建筑学家，设计过麦迪逊广场长老会教堂、花园城饭店、纽约大学的名人遗物收藏馆、莱恩贝克的阿斯托尔大厅等著名建筑。

一天傍晚，这两位人物在怀特刚刚改建好的演员俱乐部相遇，他们相见恨晚，立刻交谈起来。特斯拉在《世纪》杂志上发表的对于未来的见解，怀特拜读过了，因此他十分激动。

特斯拉介绍了他所设想的世界广播系统。他设想建设一座世界无线电中心，以提供各种服务项目——无线电电话网络、同步时间信号、股票市场公报、袖珍接收机、私人通信以及无线电新闻广播等。他将这些统称为世界传输系统。

特斯拉的设想，引得这位建筑学家跃跃欲试，想要参加这项宏伟的计划。

这项宏伟计划，并不只是一种幻想。当特斯拉还在科罗拉多时，他就已经委托谢尔弗以及一名工程助理在他的纽约厂房里密切监督振荡器和其他设备的装配工作。

他刚回到纽约，立刻就与乔治·威斯汀豪斯进行接触，因为他知道，威斯汀豪斯手下的工程技术人员能提供他所需要的机器。

在此期间，乔治·谢尔弗通知他说，他的银行账目情况相当紧张。他在科罗拉多的8个月时间里总共花了10万美元。

他该找谁帮忙呢？乔治·威斯汀豪斯？阿斯托尔上校？托马斯·福顿·莱思？J. P. 摩根？约丹·莫特？

他首先给威斯汀豪斯写信。

他信心满满地对威斯汀豪斯陈述，在科罗拉多的试验完全证明，“依照我已经改进完善的机器”，建立沟通地球上任何地点的电报通信，是切实可行的。他要在大西洋两侧各安装一套至少300马力的发动机和直流发电机，而这些设备费用很大。

“您当然知道，”他透露自己的隐衷，“依我的考虑，建立这样的通信只不过是第一步。它是为了开展下一步更为重要的工作做准备，就是输送电力。但是，输送电力的工程规模很大，费用也高得多，所以我只好先搞通信，以便取得投资人的信任……”他还以他的英国专利权税作保证金，希望威斯汀豪斯借给他6000美元。

威斯汀豪斯约请特斯拉一同从纽约乘火车到匹兹堡，以便两人在他的私人“皇室包车”里，将整个事情从头到尾谈一谈。

特斯拉在车上告诉威斯汀豪斯，他的机器的功能将超过大西洋海底电缆，不论在速度或者发送信息的数量方面，都比电缆强。

他建议威斯汀豪斯对他所供应的任何机器保留所有权，并在一定程度上参加这项冒险事业。

但是，威斯汀豪斯在艰险的金融世界里饱尝辛酸，实在不愿再次冒险。他让特斯拉去找那些想找机会出名的资本家，从他们那里寻求资金帮助。

一个藏而不露的女人

为了寻找新的开发资金，特斯拉重新出没于格兰默西公园的演员俱乐部。

一个秋天的傍晚，特斯拉乘坐一辆漂亮马车来到莱辛顿大街327号——罗伯特·恩德伍德·约翰逊的住宅。

大门敞开着，里面传出莫扎特钢琴协奏曲的优美旋律。特斯拉立即认出弹钢琴的人是玛格丽特·梅琳顿。这是他长年来最喜欢同桌共餐的友人。他从来没有像对梅琳顿那样去爱慕和倾情一个女人。

约翰逊一家并不富有，但是他们是纽约最吸引人的一对夫妻。约翰逊是《世纪》杂志的副主编，颇具学者风度，在语言、诗歌和辩论方面很有才能。妻子温柔美丽，十分聪慧活跃。

夫妇俩邀请了纽约的百万富翁、艺术家和知识分子共同前来。无论是约翰逊先生还是凯瑟琳太太，都不太懂得科学，但是他们两人都以认识特斯拉为豪。

特斯拉在约翰逊家里结识了著名的欧洲大陆艺术家、作家、政界人物以及美国社会的精英。

约翰逊领特斯拉去见了一位身材高挑、神情庄重的姑娘。姑娘披着一件昂贵的法国长外衣，腰间系着一条时髦的腰带，领口镶着饰边和一朵花。

她蓦地转过身来，那双茶色的眼眸使特斯拉大吃一惊。他确定自己没有见过她，但是却见过这双眼睛。

“这是安妮·摩根小姐，”约翰逊说，“这是特斯拉先生。”

安妮·特雷西·摩根，1873年出生，是J. P. 摩根的小女儿，当时27岁。

从她的眼神里，特斯拉看出她如她父亲那般智慧。

安妮仅仅看了特斯拉一眼，就被他吸引了。他蓝色的眼睛，深邃、清澈、神秘而又洞明一切，他就像是从米开朗琪罗壁画中走出来的人。

她好像在佛罗伦萨，看见过这双眼睛。在安妮眼里，特斯拉很英俊，具有磁铁般的吸引力，他很恬静，近乎腼腆；他文质彬彬，很有教养。

安妮朝特斯拉点了点头，又把注意力集中到音乐上。

约翰逊对特斯拉说过，安妮早就爱上他了。假如果真如此，看样子她是下决心不把自己的感情表露出来。

她的言谈举止，是受过女子贵族学校的教育的，既雍容华贵，又文静清雅，深得特斯拉的好感。

但是非常可惜，姑娘竟戴着珍珠耳环！这不禁使特斯拉大为失望。他本来想和她交谈，但是一看到这些珍珠，兴致一下子就完全消失了（特斯拉对珍珠有恐惧症）。

安妮受到父亲的过分溺爱，感情上还没有完全摆脱孩子气。但是如果特斯拉不那么表示出自己的失望，出现在他面前的这位沉着持重的女子，会立刻脱去外壳，露出她真挚的孩子气。

安妮在日记中，记录了她第一次见到特斯拉的情景。

特斯拉穿着黑色晚礼服，衣领挺立，气质高雅。他的眼睛是蓝色的，像两颗火球一样炯炯有神。

他的眼睛长长的，但眼皮半张不开，犹如乍醒还梦，看着大家看不见的景象。他露出一丝淡淡的微笑，就好像离开梦境回到了现实之中，发现现实生活充满了情趣。然而，他又表现出一种几乎完全属于女性的气质，温文尔雅，和蔼可亲，儿童般的纯朴和诚实……

他有一头浓密卷曲的褐色头发、蓝色的眼睛、白皙的皮肤……和特斯拉在一起，就等于进入了一个自由王国，这比孤独隐居还要自由自在。因为和他在一起，就拥有了天地……

安妮像其他崇拜特斯拉的女子一样，也到了神魂颠倒的地步。可在自己崇拜的人面前，她确实拥有藏而不露的定力。

特斯拉很快意识到，如果他不立即表示愿意娶摩根的女儿，约翰逊夫妇一定会缠住他不放。而他是一个满怀雄心壮志、急需资金的发明家，他充分意识到在当前境遇中隐藏着的种种危险。他不能挑动这位年轻女子的情窦，但是他必须非常讲究方式才能避免伤害她的感情。

乐曲奏完了，特斯拉为了打消安妮的念想，走到玛格丽特·梅琳顿身边，对她的演奏赞誉一番，然后问："小姐，请告诉我，你为什么不像别人一样佩戴钻石和珠宝?"

"这由不得我自己，"玛格丽特说，"但是假如我有钱佩戴钻石，我会找到更好的办法来使用这些钱的。"

"如果您有钱，您要用来干什么?"他满怀兴趣地问。

"要是我不怕城内城外来回跑，我愿意在乡间买一栋住房。"

特斯拉微微一笑。"哎，梅琳顿小姐，我要是拿到百万美元，"他说，"我就来解决这个问题。我要在纽约买一片街区，给你建一栋别墅，四周种上树木。这样一来，你既有乡间别墅，又用不着离开城市。"

玛格丽特哈哈大笑。

安妮听到玛格丽特的笑声，一动不动，似乎依然听着琴声。

即使是观察细微的约翰逊夫妇，也看不出任何异常。

安妮听约翰逊夫妇说，威斯汀豪斯已经拒绝了特斯拉，不再给特斯拉投资。特斯拉的资金链，已经断了。这世上，只有她的父亲能帮助他。

在特斯拉婉转地拒绝她的时候，安妮沉着地下了决心。

安妮的爱

安妮·摩根回到家，对父亲说，特斯拉急需一笔投资。为了她的终身幸福，父亲必须为特斯拉投资。

不少读过特斯拉在《世纪》杂志上发表的关于未来新能源和技术的文章的人，都对他的远见卓识深为赞赏。其中也包括J. P. 摩根。

这时的摩根，已经垄断了世界的金融及工业并购。1892年，他安排将爱迪生电力公司与汤姆逊—休士敦电力公司合并成通用电气公司。在出资成立了联邦钢铁公司后，他又陆续合并了卡内基钢铁公司及几家钢铁公司，并即将组成美国钢铁公司。

摩根对特斯拉的创新，非常欣赏。但特斯拉的创新，远远超越于那个时代。摩根只对立竿见影的发明有兴趣。他感觉，特斯拉的发明，离收益，还有一段天文望远镜也望不见的距离。

摩根给女儿看一张报纸，上面写着《特斯拉——痴人说梦》。

安妮在父亲面前，完全没有了矜持，她一把撕碎了报纸，扔在地上。

安妮："父亲也相信这些鬼话吗?"

摩根："这是科学，不是幻想。"

安妮："如果我不能帮他完成他的幻想，我真不知道，活着为了什么。"

说着说着，安妮不由得流泪了。

女儿安妮，是摩根的命。安妮已经27岁，还不知花落谁家，想起女儿，他就揪心。

摩根一辈子什么都不怕，就怕女儿流泪。如果可以，他愿意花重金买女儿一个笑容。

摩根看着一地碎纸片，不禁苦笑。这些年来，特斯拉，就像一个冤家，如影子般挥之不去。他可以用无数办法摆平他。但是，令他实在想不到的是，自己的女儿竟如此执着地要帮助他渡过难关。

摩根立即答应女儿，召见这位"未来的女婿"。

摩根在大厦顶层，设香槟宴，款待特斯拉。摩根虽然很早就和特斯拉的交流电发明打过交道，但这还是他第一次与特斯拉面对面。

摩根在第一次看见这位风流倜傥的科学家，穿着一身黑色晚礼服向他走来时，就明白了为什么特斯拉让他的女儿魂不守舍，动不动流泪，动不动以死相逼。

在摩根眼里，特斯拉确实如他女儿安妮所说，"特别亲切、诚挚、谦虚、文雅、慷慨、刚强……"

摩根与特斯拉碰杯，两人一起讨论世界系统问题。

特斯拉向摩根介绍了全球通信网络的设想：建设一座全球通信中心，一座足可输出100万匹"交流电流"的"特斯拉线圈"，可以从一个广播站向全球无线电传输、发射、接收无线电信号。

在这个领域里，别人的想法都很有限，他们只看到两点之间的传播，例如船舶和陆岸之间、大洋两岸之间的无线电传播，而特斯拉谈的却是整个世界。

摩根对此产生了兴趣。

会面之后，1900年11月26日，特斯拉给摩根写了一封信，明确说明，他已经在将近700英里范围内进行过传播，而且可以制成越过大西洋进行电报通信的设备。他可以有选择地对许多套设备进行操作，相互之间不会发生干扰，而且绝对能为通信保守秘密。他已经有了各种各样必需的专利，随时可以签订协议。

他提出，将来成立任何公司都使用摩根的名字，并且他对传输设备的费用做了估算：跨大西洋为10万美元，跨太平洋为25万美元；跨大西洋传输设备要6—8个月建成，跨太平洋传输设备要一年建成。

他没有对摩根提到无线输送太阳能电力问题，并不是因为他放弃了这一打算，而是他担心自己一提到输送太阳能电力，就会使这位银行家收回他的投资。把太阳能电力白白送给全世界，摩根先生绝不会有那份好心。

摩根回信说，他同意给特斯拉资助15万美元。可是有言在先，他的投资就到此为止。尽管数字离预期差很多，但特斯拉还是为之欣喜若狂。

摩根这样做，只是为了让暗恋特斯拉的女儿高兴。但特斯拉似乎并没有把他当作未来的岳父。

您很快就会看到，您的名字响亮地传扬于世界。我不仅深深感激您的崇高行为，而且我能够使您的慈善投资生辉，让您这笔投资的价值至少增值一百倍……

特斯拉还对摩根说，无论拉菲尔还是哥伦布，要是没有富有的赞助人的帮助，都将一事无成。

摩根对慈善事业并不感兴趣。读过信后，他便派人给特斯拉送来一份协议草案，要求特斯拉将他各种无线电专利的51%的权益转让给他本人作为贷款保证金。

摩根为特斯拉投资后，满城流传着特斯拉将与安妮·摩根结婚的消息。

记者问他：你认为“有艺术家气质的人”有必要结婚吗？

特斯拉怕伤害安妮·摩根，但是，他知道，如果他不说清楚，将会给她带来更大的伤害。

特斯拉回答说：“对艺术家来说，必要；对音乐家来说，必要；对作家来说，必要；但对发明家来说，不必要。前三类人，需要从女性的魅力中获得灵感，需要通过爱情创造精美的杰作；而发明家则不同，他的性格是如此热烈而真挚，如此粗犷而放任。如果他爱上一个女子并委身于她，那么他就会献出一切，甚至于他所选择的领域当中的一切。我想，您说不出有哪几个伟大发明是由已婚男子研究成功的。”

特斯拉迟疑了一会儿，说道：“这也是一件憾事，因为我有时感到异常孤独。”

特斯拉的世界系统

资金有了着落，特斯拉便着手寻找修建发射塔的地方。萨福克县土地公司董事长兼经理詹姆士・D. 沃登，在长岛有2000英亩土地，他答应将肖翰姆小镇的200英亩拨给特斯拉。

肖翰姆小镇，离布鲁克林65英里。北邻长岛湾，东距欧洲方向的大西洋不过几十英里。这儿环境偏僻幽静，地域十分开阔，是特斯拉进行无线发射实验的最佳位置。

特斯拉满心欢喜，将这个地方命名为“沃登克里弗”，并且已在心中看到它就要变成第一批工业园地之一。世界广播站要雇用2000名工人，职工家属都居住在周围。

1900年夏天，特斯拉来到纽约长岛的肖翰姆小镇，开始实施他的沃登克里弗塔计划。这是座60米高的木结构巨塔。塔旁边的工厂，由建筑师斯坦福・怀特设计。

记者们蜂拥而至，纷纷报道特斯拉的宏伟计划：脚下将耸起一座全球通信中心，一座足可输出1000万马力“交流电流”的“特斯拉线圈”，可以从一个广播站向全球无线电传输、发射、接收无线电信号。

特斯拉向记者们介绍了将要拔地而起的沃登克里弗塔。

他说：“沃登克里弗塔，将建立新的世界系统。沃登克里弗塔，是经过长期持续的研究和试验而获得的几项独创性发现的综合成果。”

特斯拉的“世界系统”是基于以下重大发明和发现的应用：

1. 特斯拉变压器：这个装置于电磁振动领域的重大意义，犹如火药之于战争。发明家凭借这个装置所生成的电流是普通装置的数倍，并产生了100多英尺的火花；

2. 放大发射机：这种为了激发地球电磁场而创造的用于电能传输的特殊变压器，是特斯拉最伟大的发明，不过其传输距离得用天文望远镜才能观察到。凭借这个奇妙的装置，特斯拉已经实现了一种强度胜于闪电的电力效应，通过的电流足以点亮世界各地的200盏白炽灯；

3. 特斯拉无线系统：这个系统涵盖了一系列的新技术，是唯一一个利用无线和低成本远距离传输电能的方式。通过在科罗拉多试验站里的仔细研究和测量，特斯拉已经证明了该系统可以传输任何规模的能量，并且损失不超过几个百分点；

4. 个性化艺术：特斯拉这项发明和原始调谐相比，其先进性犹如精练的语言之于含糊不清的表达。它使得信号或信息传输绝对保密，在主动和被动方面具有绝对排他性，即信号的传输绝无干扰，也不可能被干扰。每个信号都像是一个身份明确的人，在丝毫没有相互干扰的情况下，可以不限数量的同时操作信号站和设备；

5. 陆地驻波：说得通俗点，这项伟大的发明意味着地球会对有限波长的电力振动做出反应，好比音叉对音波做出反应。这些特殊的电力振动，能有力地激发地球的电磁场，对商业和其他很多领域作用甚大。

沃登克里弗塔，不但能使传递到世界各地的任何类型的信号、信息、文字实现瞬时精确的无线传输，还能在不改动当前设备的条件下，连接现有电报、电话和其他信号站。

例如，一位电话用户可以利用它呼叫地球上的其他任一位电话用户。它的使用价格比手表的接收器还低，却可以满足用户无论是在陆地还是海上的任何地方都能收听任何距离之外的演讲或音乐会的需求。

这项伟大的科学进步使距离不再是障碍，地球这个完美的天然导体将发挥它无限的用途，而这一切只需要一根天线即可实现。

这一系统具有深远影响的原因之一在于，它能够在任何距离之外，通过任何由一根或多根电线（电线的距离显然是有限的）操作的设备来完成使用，只要在相同功能和精确度的条件下，且不超过地球的物理空间限制，是不需要人工导体的。

因此，通过这种理想的传输方式，不仅可以开发全新的商业领域，还能大大扩展传统应用。

第一个“世界系统”电站能在9个月内启动运行。

这个电站可以实现1000万马力的功率，能以低廉的费用为尽可能多的技术项目服务，其中包括：

1. 全球范围内现有电报交换机或交换站之间的连接；

2. 建立一个机密且不受干扰的政府电报服务系统；

3. 全球范围内现有电话局或电话站之间的连接；

4. 通过电报和电话，实现与新闻界的连接，使一般性新闻得以广泛传播；

5. 建立一个私人专属情报传递“世界系统”；

6. 全世界股票行情的连接和操作；

7. 建立一个供音乐、广播等使用的“世界系统”；

8. 在不需要怎么管理的条件下，利用费用低廉的时钟来显示高精度天文时间；

9. 打印或手写字符、信件、支票等在世界范围内的传递；

10. 建立全球航海服务系统，使航海员在没有指南针引导的情况下，能确定船只的确切位置、时间和速度，防止撞船等事故的发生；

11. 初步建立一套世界范围内的印刷系统；

12. 实现全球范围内照片、图像或记录的拷贝。

第二天，美国报纸所有头条，都是“特斯拉的世界系统”。

沃登克里弗塔

1901年3月，特斯拉到匹兹堡向威斯汀豪斯订购发电机和变压器。与此同时，他托人到海岸上进行调查，以便在大西洋彼岸寻找到一个适合的地点。

W. D. 克劳是在怀特手下任职的建筑师，由他密切配合特斯拉设计沃登克里弗塔：塔顶要安放一个饼圈状的巨大铜电极，它的直径有100英尺。后来又改成了巨大的蘑菇冠形状。塔为八角形，完全用木梁预先在地上装好，然后吊到一座巨大的砖石建筑物上。

9月13日，特斯拉给怀特写了一封信。

您昨天的来信以及您提出的估算，已于昨夜读到。我听到总统遇刺的消息时（麦金利于9月6日遇刺）大为震惊，但是听到您的这些估算，我的震惊程度有过之而无不及。

有一点是肯定无疑的：我们不能按照现在规划的样子去修建这座塔。

我无法告诉您，我是何等遗憾，因为按照我的计算，只要有了这样一座建筑，我就够得着太平洋彼岸了……

有一段时间，他们考虑退回到旧的设计上，修建两座，也许是三

沃登克里弗塔

座小得多的塔，但他们最后还是决定修建单独的一座，塔高达187英尺。塔的内部是一根很长的钢轴，深深打入地下120英尺。环绕轴的四周的，是一座镶上木板的井筒，其断面面积为12平方英尺，有环形梯可供上下。按照设计，钢轴可通过空气压力向上提升，直至接触塔顶平台。无论从构思或者实际实施上看，沃登克里弗塔都堪称美国电气工程在黄金时代的一座空前绝后的建筑。

1901年已近尾声的时候，世界报纸、期刊争相报道一条新闻：12月8日，马可尼将“S”字母的信号，从康沃尔越过大西洋发往纽芬兰。

摩根和其他许多人大为惊异，认为既然马可尼已经能发送信号，那么特斯拉修建的大型设备就大可不必了。

他们并不了解，1897年特斯拉就已获得了无线电技术的专利。

1900年，马可尼在向美国专利局提交他的无线电专利申请时遭到了拒绝，因为它与特斯拉的发明太相似了。

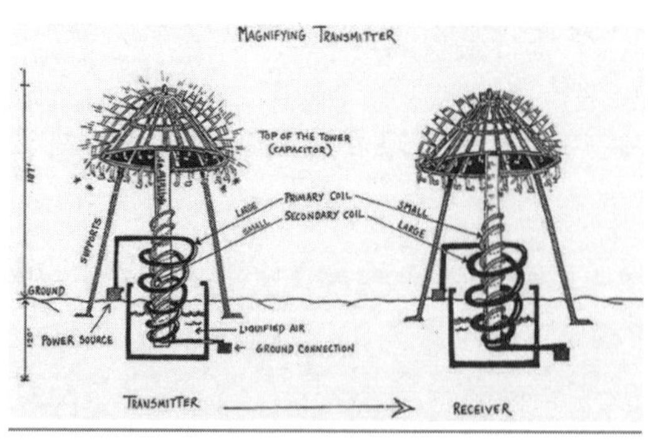

沃登克里弗塔传输原理图

马可尼并不气馁，开办了自己的公司，并拥有安德鲁·卡内基和托马斯·爱迪生这样强大的支持者。

据说爱迪生贿赂了美

国专利局官员，把特斯拉无线电专利的装置、图纸及系统操作细节，给了马可尼。

就这样，马可尼顺利地剽窃到了特斯拉的无线电专利。

1901年，马可尼采用了多项特斯拉的专利，其中包括特斯拉振荡器，因而能够跨越大西洋传送信号。

马可尼确实是用了特斯拉的系统来做的无线电报实验，却对外声称，那一切都是他的原创。

特斯拉痛斥这种“波吉亚—梅迪契式的手段[①]”。当时，大多数科学家尚且感到无线电技术神秘莫测，更何况普通人呢？

特斯拉非常生气，但他并不一味地怨天尤人，而是沉浸于正在从长岛的农田上拔地而起的雄伟壮丽的迷人工程。

1902年6月，特斯拉将实验室移到了沃登克里弗塔。他住在工地附近一家私宅里，亲自照管这项工程。

在科罗拉多的时候，他曾经在他的放大发射机球形天线上达到过1000万—1200万伏高压，而且他认为达到1亿伏是可以办到的。

回到纽约之后，他又申请了另外一组专利，其中最重要的就是与沃登克里弗工程有关的“电力输送装置”。这项专利在1902年登记，直到1914年才颁布。

事实上，特斯拉没有把马可尼的剽窃放在眼里，因为，他建沃登克里弗塔的真正目的，远远超越了无线电，他在进行工业级的无线输电实验。

一到夜晚，巨塔顶端就放射出电光，照亮整个地区。

---

① 波吉亚和梅迪契是意大利中世纪的两大富有家族。波吉亚—梅迪契家族是15—16世纪影响整个欧洲的西班牙裔意大利贵族家庭，也是文艺复兴时期最著名的家族。他们的“名”不是美名，而是恶名，他们是被财富、阴谋、毒药、乱伦的阴影笼罩着的家族。

那种级别的工程，接受越洋的无线电信号是毫无问题的。

早在1891年，特斯拉就成功试验了把电力以无线能量传输的形式送到目标用电器，之后，他就致力于商业化的洲际电力无线输送。

放大发射机，其实是沃登克里弗塔的前身。

沃登克里弗塔可以向全世界免费传输电力和提供通信。特斯拉在长岛建造沃登克里弗塔，就是想用它来验证这一预言。

而今，沃登克里弗塔，就要矗立起来了。

普罗米修斯矗立在塔上

“奇迹之塔”的圆木杆凌空直上，越来越高。

特斯拉在长岛建了一座高187英尺，顶端有一个直径为68英尺的球形框架的发电站。

这些尺寸适合任何级别的能量的传输。刚开始特斯拉只用了200—300千瓦的功率，但他打算以后增加到几千马力。这个发射机发射的是具有特殊性质的综合波，他已经发明了一种用电话控制任何形式的能量的特殊方法。

特斯拉请无线电工程师弗里茨·洛文斯坦返美，不久洛文斯坦就加入了沃登克里弗塔的建设队伍。另外一位曾为爱迪生工作的著名工程师H. 奥蒂斯·邦特，也前来帮助修建。

很多年以后，邦特说他不同意历史上对爱迪生和特斯拉两位发明家的评价。他说，爱迪生是“美国前所未有的最伟大的实验家，但是我认为他够不上一位创造发明家”。他认为，特斯拉“是自古以来最伟大的发明天才”。

邦特经常陪特斯拉散步。1901年12月，在马可尼第一次发送跨越大西洋的信号那一天，他们俩正在海边散步。

邦特说：“看样子马可尼是抢在您前头了。”

“他已经盗用了我17项专利了。”特斯拉淡然地说，“马可尼是个傻小子，让他继续干吧。”

邦特问：“您不介意吗?”

特斯拉说：“开始时也介意。但转念一想，我什么也没有失去，无非是无偿给他使用我的专利而已。这些专利，不是给他，而是给了人类。”

邦特还回忆说，特斯拉对他发明的用于战争的装置忧心忡忡。他刚刚在长岛海峡发射了他制成的无线电鱼雷模型，并用这些鱼雷包围了一艘舰只，而且还将鱼雷送回到了海滩上。他说：“奥蒂斯，有时候我觉得，我没有权力搞这些东西。”

特斯拉紧张的工作日程，常常使人感到，他简直把自己当三个人或四个人在用。他设在纽约的实验室，变成了来自世界各地的科学家们的开会地点。他晚上的时间也安排得满满的，参加各种社交活动、进行试验工作，还要编写专利申请报告和专业杂志文章。

英国记者莫戈文参观过特斯拉的实验室，后来他回忆道：“谁敢到尼古拉·特斯拉的实验室去看他的表演而不畏缩动摇，真得有非凡的坚强意志才行……想一想，你坐在一间灯光明亮的宽敞房屋里，四处堆满了各种奇形怪状的机器。一位个子瘦长的人走到你的跟前，只见他捻了一下手指，噼啪一声响，顿时就冒出一团红色火球，而他将火球捧在手上，泰然自若。你越看越惊异，这团火怎么不烧手指？ 他把火球贴到自己的衣服上，扪到自己的头发上，又塞到你的怀里，最后干脆装进一个木头盒子里。简直叫人不敢相信。这团火不论烧到哪里，都不留丝毫痕迹。你禁不住揉揉眼睛，想看看自己是不是在做梦哩!”

莫戈文对特斯拉的电光火球百思不得其解。其实，何止莫戈文，那些与特斯拉同一时代的人以及100多年以来世界上所有的科学家，没有谁能够说清楚特斯拉一次又一次创造的这种电学效果，而且直到今天也没有人能够解释清楚这一切。

奇怪之火神秘地出现，又神奇地熄灭了。特斯拉把灯关掉，房屋里又像原来那样陷入了一片漆黑。

为了和“该见的人”早些见面，他白天黑夜连轴转。他常常一连几天几夜，眼皮也不合一下。

白天的时光特别重要，他要前去恳请摩根尽快提供资金，提醒摩根通货膨胀已发展到了快要翻船的地步。他还会见其他可能为他出力的投资人。他恳求制造厂提交机器设备，提供贷款。

1902 年，在这紧张繁忙的一年里，倒是有一件值得高兴的事情，就是赫赫有名的英国开尔文勋爵访问美国。

此人曾经说，在两个有争论的问题上，他同特斯拉的看法完全一致，一是火星给美国发来了信号，二是节约非再生能源对全世界关系重大。

开尔文也像特斯拉一样，认为应当开发风力和太阳能，节约煤、石油和木材。他宣称：应当尽快在房顶上安装风力机，用它来带动升降机和抽水机，夏天给屋里降温，冬天给屋子供暖。

可是，爱迪生的看法却大相径庭。他认为，资源短缺的灾难日至少要到“超过五万年”之后才会发生。他的理由是：“光南美洲的森林就够烧五万年。”

而特斯拉则认为地球的资源消耗得太快，并一直提倡人类应该要使用可再生的能源，而这些能源从身边就可以轻松获得。对此，开尔文勋爵非常认同。

开尔文高度赞扬美国的“科学先知”，在德尔莫尼柯酒店举行的欢迎开尔文的宴会上，这位英国人对大家说，纽约“是世界上灯光最为灿烂辉煌的城市”，是火星人能在地球上看到的唯一地方。也许是美酒使人兴致大发，他宣称“火星正在将信号发往……纽约”。他的这番话，变成了第二天各家报纸的头条新闻。

过去，特斯拉发表同样的论断时，曾惹得满城风雨，争吵不休。而现在，这话出自开尔文这样一位举足轻重的人物嘴里，科学界连一声都不敢吭。

对此，特斯拉的朋友霍桑还写了一篇文章，他在文章里说，很明显，火星以及其他年代更久远的行星上有人，他们曾经到过地球，而且年复一年地对地球进行观察，但是最后他们只能回去报告说："他们尚不会接纳我们。"然而，在尼古拉·特斯拉降生之后，情况就发生了变化。"可能外星人控制着他的发育成长，这有谁知道呢?"

后来，经过别人添油加醋，特斯拉竟被当成了他们眼中的火星人。这种做法实际上损害了特斯拉的科学声誉。

霍桑并不理解特斯拉，他竟还绘声绘色地对人说，有一次特斯拉留在半山孤零零的实验室里，天上悄悄给他发来了第一次信息。"特斯拉的大脑和他同时代的大多数科学家相比起来，不能同日而语，一个是圣彼得的天灵盖，另一个是胡椒瓶。他早已训练有素，只等这一时刻的到来。信号的确没有落空。"

特斯拉不再理会此事，继续投身于试验中。他写道："我一半时间像一个被判处死刑的罪人，一半时间又是一个最幸福的凡人。一切不过停留于希望。可能要花几个世纪的时间，但是我切切实实感觉到，这一天一定会到来！有一个问题已经在我的科罗拉多试验中解决了，我们能建造一台机器将信号发往离我们最近的邻居，这就像跨过你们那条浑浊的斯凯科尔河一样，肯定无疑。只要太阳系里还另外有人，他们也像我们一样知道如何使用这类装置，我们就一定能收到信息……"

特斯拉将他的实验室从曼哈顿迁出，进驻沃登克里弗塔。待在这里，除了处理工程本身发生的紧急情况以外，占用他时间的其他事情也少了。毕竟，这里只有参加工作的人员才被允许进入。

偏僻，宁静，这正是特斯拉求之不得的事。

1903年，马可尼已成为世界各地的英雄人物。相比之下，特斯拉的美好憧憬，似乎显得虚无缥缈。

1903年2月，《电气时代》刊载了一篇批评文章——《尼古拉·特斯拉——他的大业和未竟宏图》。作者写道："十年之前，特斯拉曾是最有大志的电学家。而今天，听到他的名字却叫人遗憾，这番大志全部落空了。他曾经取得过辉煌的胜利，但是……现在他会开始懂得，凡人的记性是多么短暂啊。”

1903年春天，当特斯拉回到长岛时，正赶上要把重55吨、直径68英尺的圆穹框架装到塔顶上。按照计划，在圆穹表面要铺一层铜板，做成一个绝缘球体，但是并没有实现。

谢尔弗抓住这个机会提醒他，资金已基本亏空，贷款人都很着急，即使摩根把剩余的投资尾款全送来，也不足以付清现欠的账单。而特斯拉觉得，摩根拥有足以左右整个国民经济的巨大权力，他在很大程度上对费用的上涨负有责任。

4月8日，特斯拉给摩根写了一封信：“您在工业世界里掀起轩然大波，其中一些浪头也冲击到了我的这艘小船。结果物价比过去上涨了一倍，也许是两倍……”

摩根的资本仍然主要投放在铁路上，他不同意进一步提供资金给特斯拉。

过了两个星期，特斯拉再次写信给他：“爱迪生、马可尼、普平、弗列明和别的许多人公开嘲笑我的事业，声称我不可能成功。但是，您给了我高尚的帮助……”

摩根早已权衡过他的投资收益。马可尼的进度已经达到实用阶段，成本也不高。而特斯拉这边，还看不见眉目。

摩根回信：“你说你的无线电就快有成果，为什么我什么都没看到?”

特斯拉开始体会到绝望的痛苦，于是决定打出他最后一张王牌。最后他写信给摩根，和盘托出他的真正目标——不只是发射无线电信号，而且是要实现无线输送电力。

我正在努力，并一定可以最终完成的，摩根先生，不单单是无线电通信那么简单，而是全球范围内的无线输电系统！想想看，一个100

沃登克里弗塔释放的人工闪电

马力的发电机，就能驱动成千上万的设备运转！

7月3日，他又在信中写道：“如果我早先把这事告诉您，您肯定会将我从办公室里轰出来……请您帮助我，否则我们已经接近完成的浩大工程，就要功亏一篑……”

但是摩根是务实的商业家，他已经决定倒向支持马可尼。

过了11天，特斯拉才见到摩根的复信。

来函知悉。我的回复是：我不会再向你追加任何投资。

之前，摩根在得知马可尼将“S”字母的信号发送过大西洋后，他就把让他头痛的特斯拉，转交给了自己的得力门生柯菲恩去应付。

柯菲恩明白，首先，他必须把特斯拉从安妮的心中连根拔掉。

柯菲恩在摩根大厦顶层，办了一个“文艺复兴沙龙”，把酷似特斯拉风度的著名人物，从世界各地统统请到了这个沙龙上。他们只有一个任务，就是让安妮彻底忘掉那个不解风情的特斯拉。

安妮从来得不到特斯拉的赞美。而这些名流，拜倒在她的石榴裙下，奉她为女神。

安妮不再拼命讨好特斯拉了。她也不再为特斯拉去强求自己的父亲了。

安妮·摩根逐渐成为纽约一位举足轻重的女人。她的名字，后来和一个个著名人物连在一起。

但是她和特斯拉一样，一生未婚。

特斯拉在收到摩根的亲笔信后，一气之下，当天晚上效仿朱庇特神[①]，跑到塔上发射出巨大的人造闪电，夜空亮如白昼。

周围居民惊讶地看到，夺目的光芒从圆球形穹顶上喷射而出，巨塔的四周散发出蓝色光芒，就像极光一样，时断时续地照亮了几百英里半径范围以内的夜空。

这些光芒好似在说：好好瞧一瞧，约翰·皮尔庞特·摩根！

此时，站在塔上的特斯拉，就像普罗米修斯。宙斯禁止人类用火，普罗米修斯看到人类的困苦，帮人类从奥林帕斯偷取了火，因此触怒了宙斯。宙斯将他锁在高加索山的悬崖上，每天派一只鹰去吃他的肝，又让他的肝每天重新长上，使他日日承受被恶鹰啄食肝脏的痛苦。

特斯拉就像普罗米修斯，把能量转换成电力，传遍整个地球。

特斯拉掌握了只有希腊神话中的神才能拥有的雷电，一心想将其变成人类都能享用的能源。此刻，他像普罗米修斯一样，悲剧性地伫立在塔上。

1903年7月的数个夜晚，沃登克里弗塔制造出了几百英里半径范围的人造闪电，点亮了整个天空。

记者们纷纷涌到现场，但都被赶开了。

《纽约太阳时报》报道说："特斯拉的电光惊心动魄，但是他不愿说出他在沃登克里弗塔试验着些什么。周围的居民……如醉如痴地观赏夜间从高塔上散发出来的电光：尼古拉·特斯拉正在进行无线电报和无线电话试验。"

特斯拉在会见记者时说："昨天夜晚（7月15日），从高塔和天线上迸射出形形色色的闪电。有一阵子，满天划过一道道炫目的电光，

① 朱庇特是罗马神话中的神，他以雷电为武器，维持着天地间的秩序，公牛和鹰是他的标志。

就像遵从一道神秘的旨意，笔直射向夜空。住在附近的居民，只要他们没有入睡，就会看到更为稀奇的事情。总有一天，但不是现在，我要公开宣布我连做梦也不敢想的事情!”

他失望地对记者叹息道:“多少人嘲讽我是个空想家，其实他们才是头脑愚笨、目光最短浅的蠢材，还是让时间来说话吧!”

那几年里，特斯拉共给摩根写过50多封信，请求摩根继续资助他，但他并没有得到有效回应。1903年，特斯拉在无奈中陷入了财政危机。

最后一线希望

1903年秋天，沃登克里弗塔工程还没有竣工。而争取投资，变得更困难了，因为当时发生了“富人大恐慌”。筹集资金的希望越来越渺茫。

此时的特斯拉在朋友的帮助下，加倍努力筹集资金。霍布森海军上尉打通各方面关系，千方百计让海军部购买机器人自动船。霍布森在1898年看过特斯拉的无线电控制船舶和鱼雷，他鼓励特斯拉到布法罗的海军展览会上展出，而且四处张罗，要使这位发明家不至于遇到“普通的手续麻烦”。但计划最终还是落空了。

这位海军英雄说，海军内部为特斯拉的无线电展品争执不下。他说，这是一种由来已久的长期不和，与特斯拉的发明没有直接关系，主要是由两位高级官员之间的矛盾引起的，结果却把特斯拉的筹集资金的路给堵死了。

特斯拉去找托马斯·福顿·莱恩，终于得到了一小笔补充资金。但是这笔钱全部用来偿还现有的债主了，特斯拉拖欠他们的债务已经堆积到像沃登克里弗塔一样高了。

用不着细致、耐心的乔治·谢尔弗开口，特斯拉自己心里就明白困难何在。“我的敌人把我描绘成一位诗人和幻想家，果然十分贴切。这样一来，我就万分需要拿出一些实际的东西来，容不得丝毫迟缓”。

在此后的岁月里，特斯拉肩负着债务的重担，迈着艰难的步履，千方百计想闯出一条路，将他的发明投入使用。

与此同时，特斯拉的医疗振荡器，日益受到人们的重视。全国各地的医生和教授都给他打电话，不断有人找他要这类高额医疗器。谢尔弗告诉特斯拉，只要有2.5万美元投资，他就可以轻而易举地在医疗器械方面做成一笔好买卖。他预计很快就可以赢得12.5万美元的利润，这和摩根给沃登克里弗塔的总投资几乎相等。

特斯拉说："如果我是为了挣钱，我早就去做赚钱的生意了。但我知道我的使命，我来到这个世上，是为了人类而来的，而不是为了我自己。即使最后，我一贫如洗，但至少在我活着的每一天，我没有放弃过这个使命。"

特斯拉要把沃登克里弗塔工程继续进行下去。主要的人手，仍忙于制造和装配新式装置，吹造玻璃真空管，并进行蒸汽发动机试车的例行工作。蒸汽发电机试车工作时冷时热，到1903年7月，因煤钱支付不起，工作人员只得停下来。

当沃登克里弗塔发电机的用煤问题又可以解决时，特斯拉给谢尔弗打了个电话，要求周末开炉试车，自己也乘火车前来长岛。"困难和危险发展到了顶点，用煤问题仍然亟待解决。沃登克里弗塔的幽灵缠住我不放……什么时候是尽头？"

谢尔弗同时也兼任其他公司的财务师，一有办法，他就借给特斯拉小笔款项。后来多罗蒂·F. 斯凯丽特核实了一份材料，发现这些年谢尔弗大概总共借给特斯拉4万美元。她说："看来谢尔弗先生让特斯拉给迷住了。"

特斯拉告诉斯凯丽特，早先光景较好的时候，他只要向摩根开口就可以拿到钱。有一次，摩根甚至拿出一张签了名的银行支票，告诉特斯拉，他想要多少钱尽管填就是了。特斯拉说，他填了3万美元。但是现在摩根对沃登克里弗塔不抱希望了。可特斯拉不怕这些，他决定一往直前，发出了一封又一封信函，开始是劝说和恳求，后来渐渐转为气愤、指责和挖苦。

他专门派了一名信差，摩根到哪里他就追着把信送到哪里，甚至当摩根登船出发到欧洲大陆去长期旅行时，信差也追到了码头。

摩根拒绝继续投资，也使得大家都认为世界无线电系统只不过是个肥皂泡。

特斯拉心里明白，谣言想要把他置于死地，但是他毫无办法，只能想方设法躲避收债人，找别的银行家和有钱的熟人求情，同时钻研这项工程的科学问题，推销他的其他发明。

墙倒众人推，四面八方的追债人都找上门来了。有人告他在科罗拉多斯普林斯试验站用电不给钱。这真叫他啼笑皆非，因为市电力公司老板之一列昂尔德·科蒂斯曾经告诉他可以免费使用电力。科罗拉多斯普林斯市也告他拖欠水费。最后连替特斯拉照管旧试验站的看守人也向法院上诉，控告特斯拉拖欠他工资。

特斯拉回应科罗拉多斯普林斯市的话，有着特斯拉的气派。他在信中说，他的到来给该市增添了光彩，而且他还在那里建立了著名的试验站，因此他相信，市里一定会为支付这笔水费而引以为荣。

他传话将试验站里一切废旧物品加以典卖，用卖的钱支付电力公司的欠款。最后他回到科罗拉多斯普林斯，和他的律师一起到法院出庭，答复看守人的控告。最终判给原告大约1000美元。试验站的固定装置由当地行政司法长官拍卖，用来付了其中一部分钱，至于其余的欠款，特斯拉一直拖了六年，每年加付30美元。

后来有一段时间，特斯拉在沃登克里弗塔搞了一条装配线，生产医疗用线圈卖给医院和研究试验室，钱开始滚滚而来。此外他又发明了一种结构经过改革的新型涡轮机，他满怀信心，认为这一次他一定能重整旗鼓。

实业界里许多人一直以为，特斯拉还在领取威斯汀豪斯付给他的交流电专利的"慷慨"使用金，殊不知这份专利他早在1896年就撕掉了。

1905年5月15日，布鲁克林《鹰报》发表了一篇文章，提到特斯拉的宝贵专利已经“失效”，一下就把事情点破了。这篇报道，由于宣布这些专利是免费的，在电气学界引起了“巨大轰动”，“到处都在猛烈争夺制造现在普遍使用的特斯拉电动机，同时用不着给特斯拉支付专利税”。

一旦知道特斯拉分文不取，大家就对他冷眼相看，顾不上他的实际贡献了。

1905年7月18日深夜，特斯拉因为没有得到谢尔弗的音信而十分焦急，提笔给他写信：“最近几天，无论白日还是夜晚，着实叫我感到可怕。”

他提到一种莫名的疾病，吐露出自己的隐衷。“我多么希望我能待在沃登克里弗塔，置身于一片洋葱和小萝卜菜地当中。心烦到了极点！只要事情准备好了，我就出来。我们一定要做出好得多的成绩来。”

没几天，他又写信谈到他对材料的忧虑：“我坦率告诉您，这周情况看来很糟，除非L. 先生实践他的诺言……我有过好些机会和许多希望，但是我却经常受骗，我感到悲观了。”

整个冬季，特斯拉都在为沃登克里弗塔工程忧心如焚，不知这种磨难何日是尽头！

他给谢尔弗写信谈起金钱问题：“烦恼接着烦恼，老是没完没了地缠着我不放。波特·杰斐逊银行又要催利息了，他们估计我能凑到利钱了。”

不久，他向谢尔弗发来振奋人心的消息。他和弗里克先生见了一面。弗克里是一位工业家，也是一名喜欢艺术品收藏的暴发户，他自19世纪80年代成为卡内基钢铁公司托拉斯经理之后，使他手下工厂的规模扩大了一倍。眼下他又在打算进行新的投资了。

特斯拉在给谢尔弗的信中流露出一种乐观心情：“烦恼不少，但进展也颇叫人高兴。我与弗里克先生进行了很有希望的交谈，现在我充满希望，他会提供我目前急需的资金。”

和弗里克进行了“很有希望”的交谈之后，特斯拉再次告诉谢尔弗一个坏消息：谈判最后毫无结果。

比起1905年，1906年的情况更加糟糕。连他的老朋友威斯汀豪斯也故意避开他了。特斯拉依然急需威斯汀豪斯为沃登克里弗塔提供机器，这同他需要资金一样紧迫。

于是他向这位工业家写信询问。

出了什么事情？是什么破坏了我们两人之间的真诚关系？我感到太遗憾了。

无线输送电力，很快就会引起一场工业革命，一场世界上从未有过的革命。除您之外，有谁能对这一伟大发展做出更大贡献，能获得更大的利益？

威斯汀豪斯知道，要是没有特斯拉的交流电专利，他的公司绝不会像今天这样兴旺发达，可是他没有给特斯拉回信。

谢尔弗来信说，已经答应给的一车煤还未运到，原先计划好的试验只好推迟。他还旁敲侧击地提到，他正为一家硫磺制造公司每月兼做两天记账工作。这对特斯拉来说是个不好的兆头，因为谢尔弗不久就成了那家公司的正式职工。

更糟糕的情况还在后头。

沃登克里弗塔的倒塌

1906年6月26日，各家报纸大量刊载有关斯坦福·怀特遇刺的新闻。前一天晚上，在麦迪逊广场花园大楼屋顶，一位名叫哈利·R. 索乌的匹兹堡金融家，对建筑师怀特连发三枪。

据说，索乌认为怀特勾引他的妻子。后来索乌被送入马迪旺精神病院。

怀特死了。他给纽约建造了这么多辉煌的建筑，并在长岛留下了一座高塔作为他的终身纪念碑。

1906年，斯坦福·怀特遇刺后，沃登克里弗塔停工。

那年秋天，谢尔弗离开了沃登克里弗。然而他还是不停地关照特斯拉的财务，在晚上和周末为他帮忙，而且几乎从来不忘准时把税务申报书整理好。

“世界广播系统”是集特斯拉所有研究之大成的构想。如果成功实现，任何人都能通过极低成本的接收器进行无限传输。这个荟萃现代通信于一身的设想，现在统统告吹了。

可是只要塔还在，特斯拉就想继续努力把它建成。

谁也说不清，究竟从什么时候开始，所有工人都走光了。一个火车站，同这座荒废了的工厂，隔路相望，车站上有一位名叫托马斯·R. 拜尔斯的客运主任，唯独他发现旅客再也不到这里下车了。

一位看守人留下来看管了一段时间。有时，也有一些好奇的记者和从事研究工作的工程技术人员来到这里，他们经许可爬到塔顶，向远处望去，长岛海峡一览无余。这座塔看上去很轻，一根钉子都不用，甚至立柱和横梁也是用木栓镶嵌的。原先打算在塔顶安装一个覆盖铜板的圆穹，这个计划也取消了，后来特斯拉安装了一个可拆卸的圆盘，通过它将辐射束射向苍穹。

来访的人发现，实验室里尽是些奇怪复杂的各色装置。除了许多吹制玻璃器皿的设备之外，还有一个完整的机修车间，其中设有八台机床，有X射线装置和各式各样的高频特斯拉线圈，有特斯拉最初制造的一艘用无线电控制的机器人自动船，还有陈列着成千上万只灯泡和灯管的展览台架。里边还设有办公室、图书室、工具室，摆着发电机、变压器以及大量的电线和电缆。但是看管人一走，窃贼就乘虚而入，砸烂财物，抢走文件资料。纸张被撒得满地皆是，塔内被践踏得乱七八糟。

墙倒众人推。不仅仅是众人，还有威斯汀豪斯。

1912年，威斯汀豪斯公司的律师，起诉特斯拉，要求他赔偿机器费用。

特斯拉可以想象世上所有人起诉他，却没有想到威斯汀豪斯会起诉他。此时他才看清威斯汀豪斯的忘恩负义，但为时已晚。

特斯拉被传讯到庭，被判罚款2.35万美元，以偿付威斯汀豪斯、邱奇以及克尔公司为该项工程提供的机器的费用。留在工地的设备，都被没收来抵押这笔款项。

特斯拉为了维持这些年来在华多夫酒家的生活方式，曾将沃登克里弗塔的两笔财产抵押给酒家的老板乔治·C. 波尔特，总共顶替了大约2万美元的欠账。他请求不要对抵押品进行登记，因为他害怕这会破坏他的财政信誉。

1915年，沃登克里弗塔被法院没收充当抵押。这个项目击垮了特斯拉，他不得不申请破产。

他无力偿还任何款项，只能签字将沃登克里弗塔契约转让给华多夫阿斯托丽亚公司。

这家酒家公司想把他这份奇特的抵押品换成现金，但是在那些日子里，谁也不知道该拿这座世界广播中心废墟怎么办。

1917年，有谣传说德国间谍藏匿在这座雄伟的高塔里，暗中监视协约国舰队的活动情况，并将无线电信号发往德国潜水艇。

1917年7月4日，在塔内发生了一起黄色炸药爆炸事件。各家报纸，甚至《文学文摘》都报道说，此次爆炸是由美国政府引起的，目的是防止间谍活动。

事实上，这座塔是根据产权人与纽约斯密莱钢铁公司达成的一项利废合同而加以摧毁的，但是特斯拉不希望透露真正的产权人是谁。而破坏这座塔，只不过是为了从破烂当中捡回几美元。

这座塔，建造得非常牢固，这是设法将它摧毁的人们始料未及的。他们一次又一次地在塔内进行爆炸活动，而这座塔仿佛有什么神秘的力量，立在原地岿然不动。

到了劳动节，塔终于倒塌了。除去收集废品所花成本之外，这家公司净赚1750美元。一位废品收购商曾看到特斯拉的一些笔记飘散到街上。

在最后一次来长岛肖翰姆小镇时，想到自己的壮志付诸东流，特斯拉写下了自己的心情。“时隔许久之后再次看到这块地方，我没有哭，”他在给谢尔弗的信中写道，“但我是差不多哭出来了。”

沃登克里弗塔的倒塌

他悲怆地写道，要改变一个发明家的命运，也许最好的办法是，“在当今的世界上，对革命思想或者发明都不要给予赞助和支持，而是在刚刚萌芽的时候，就因为缺乏财力，因为自私自利和因循守旧，因为愚蠢和蒙昧而对其加以压制和摧残；最好任其遭受打击和摧残，让其经受痛苦的考验和磨难，为争取商业生存而殊死搏斗。我们就是如此获得光明的。历史上一切伟大事物，莫不如此蒙受过嘲讽、非难、反对和压制——唯其如此，他们才会在斗争中锻炼坚强，才会有胜利，才显得更加辉煌”。

他在废墟上看见了未来，“由于当下的世界及自然法则，还未对我的项目的到来做好准备，所以它被暂时推迟了。它遥遥领先于这个时代，但是自然法则最终会获胜，我的项目终将成功到来”。

在往后的人生中，特斯拉从未放弃他的电力输送和无线电广播的想法。他说这不是梦想，“而是科学电气工程上一种简单技艺，只不过耗资太大”。

他认为，人类还没有取得充分进步，还做不到自觉听从“发现家的强烈探索意识”。

沃登克里弗塔倒了，除了特斯拉以及整个社会之外，损失最大的就算摩根了。毫无疑问，他本来可以拥有一座能使用一系列相邻频率通道的广播站，以多通道传输方式进行广播。可惜，他并没有这种远见。

无线电专利权之战

沃登克里弗塔计划的失败，是特斯拉人生的转折点。

随着沃登克利弗塔一起倒塌的，当然还有特斯拉与马可尼在无线电竞争中的关键筹码。早在马可尼第一次将信号字母发送到大洋对岸时，公众就已经把无线电发明者的头衔戴在了马可尼的头上。

早在1900年，美国专利局就以马可尼提交的设计与特斯拉过于相似而予以驳回。

然而，到了1904年，美国专利局改变态度，撤销了特斯拉1897年无线电技术的专利权，转而授予了马可尼发明无线电的专利，使他成为无线电的发明者。

这一举动，明显受到马可尼在美国的经济后盾人物——爱迪生、卡内基的收买。

1909年，马可尼获得诺贝尔物理学奖，被誉为“无线电之父”。

这让美国物理学界，开始质疑诺贝尔奖。

哥伦比亚大学物理学家普平教授，终于为塞尔维亚同乡说了公道话，他对记者说：“威廉·马可尼还‘纯粹是个傻小子’，在意大利‘为西格诺·里吉干活’的时候，读了特斯拉无线电的基本规则，在一次试验中，出于好奇将两根电线接在地上，想看看会出现什么情况，结果却产生了无线电波。但他从未充分意识到这件事情的真正意义。”

普平把发现无线电归功于尼古拉·特斯拉，说他“将他的发明免费送给了世界”。

美国物理学家的共识是，“特斯拉和无线电的关系，是互生关系。毫无疑问，特斯拉是最早提出无线通信概念的人，在公开发表和带入实用专利技术阶段，他依然是第一”。

这场无线电专利战，始于1915年，虽然之前就已经有许多争议，但直到1915年8月，特斯拉才站出来公开起诉美国马可尼无线电公司，起诉马可尼从专利局偷窃自己的无线电装置和图纸，剽窃盗用了他的发明专利。

特斯拉的诉讼律师，在法庭上，陈述了无线电的起源：

1893年夏，特斯拉在密苏里州的圣路易斯全国电灯联合会做报告，展示了世上第一台高频振荡器——无线电发射机，包含电子管发明之前无线电系统的所有基本要素。报告中，他描述并演示了无线电通信的基本原理。

1893年夏，特斯拉在弗兰克林学院全国电灯联合会发表演讲，详细阐述了无线电发送和接收方面的六项基本要求。

1895年，特斯拉已经准备好发射50英里距离的无线电信号，但他的实验室却在此之前被烧毁，因此延迟了试验。

1897年9月2日，特斯拉提交了专利申请。专利的具体步骤很清晰，哪些用于无线输电，哪些用于信号通信，一目了然。专利于1900年3月20日获得批准，编号为645576号，早于马可尼的四电路调谐装置。

1900年，马可尼向美国专利局提交无线电专利申请，遭到了拒绝，因为它与特斯拉的发明，如出一辙。

1901年，马可尼采用了特斯拉的17项专利，其中包括特斯拉振荡器，因此他才能跨越大西洋传送信号。

诉讼律师陈述：“1893年特斯拉绘制的图纸，标志着无线电通信的诞生。应当承认，在这之前赫兹已进行过很有见地的理论和实验研究工作，证明了火花隙放电在一定距离之外的作用。但是，特斯拉的发现比马可尼发明并实际演示无线电早上好几年。”

美国马可尼无线电公司，组织起强大的律师团，出庭反诉特斯拉。

不幸的是，特斯拉那时太贫困，生存压力使他难以喘息，连律师费都付不起，无法与大公司的律师团对抗。

最终，特斯拉放弃了法律诉讼。

特斯拉撤诉后，马可尼成了胜诉方。

走出法院大楼，特斯拉看着天空，对自己的律师说：“我相信无线世界里的一切，都是公平的。未来终将真相大白。”

特斯拉眼中噙满泪水，脸上却带着一丝微笑。

无线电的发明者到底是谁，一直是争议性的问题。这场持续了几十年的大论战，直到 1943 年才尘埃落定。

1943年6月21日，特斯拉去世后不久，美国最高法院推翻了承认马可尼发明权的原判，其裁定：尼古拉·特斯拉提出的基本无线电专利早于其他竞争者，无线电专利发明人是尼古拉·特斯拉。

美国最高法院大厅里，回荡着特斯拉孤独的声音。

我相信无线世界里的一切，都是公平的。未来终将真相大白。

当下是他们的，而我致力于研究的未来，是我的。

50岁的新发明

1906年，特斯拉50岁，他的创造天才，依然不减当年。经过许多次试验之后，他终于制成了涡轮机的第一台模型。

小时候，特斯拉就幻想建造一台真空马达，后来，他又计划过在海底修建一根管道，通过它发射邮件，可能就是这些想法和计划，促成他建造完成涡轮机。

50岁生日时，特斯拉在纽约示范了他的最新发明：无叶片涡轮发动机模型，重量不到10磅，能发出200马力（150千瓦），每分钟1500转。

特斯拉希望用涡轮机来利用地热发电，使其成为“我们未来的能源”。

在发布会上，特斯拉认为无叶片涡轮发动机这种装置的前途无可限量。它可以使用汽油燃料，用来推动汽车和飞机；可以带动远洋轮船在三天时间内横渡大西洋；可以用于火车、卡车、冰箱、液压齿轮（传动）、农业、灌溉和采矿，既可用蒸汽也可用汽油。

特斯拉设计的涡轮发动机

特斯拉还设计了一台由无叶片涡轮发动机这种装置来带动的未来汽车。与传统的形式相比，这种无叶片涡轮发动机的制造费用更便宜。

我所做到的，就是完全摒弃了原来的观念，也就是蒸汽机前方必须有牢固壁面，而且第一次实际应用了所有液体都具备的两种特性，这就是每位物理学家都明白、但至今尚未得到应用的两种特性，即吸附性和黏滞性。

特斯拉因他的小型涡轮机模型取得初步成功而欢欣鼓舞，于是设计了一套大型的复式涡轮机。他准备在纽约沃特塞德电站通过蒸汽机进行试验。这里是爱迪生的地盘，操作人员是纽约爱迪生公司的工程技术人员，可想而知，特斯拉几乎从一开始就遇到了问题。

特斯拉每天下午5点到电站，让工人加班加点，但是他手头没有足够资金来对涡轮机进行充分试验。

最为难办的是，涡轮机运转速度极高，平均每分钟3. 5万转，由此造成的离心力很大，结果旋转叶轮的金属材料都被撕裂了。冶金工业要生产出符合要求的优质金属，还得等好多年以后。

他最后找到密尔沃基市的一家公司——阿里斯·查默斯制造工业公司，要他们制造三台涡轮机。但公司经理和工程技术人员，打了一份唱对台戏的报告，然后就甩手把试验停下了。

他们的理由是：特斯拉没有给他们提供充分的资料。

1907—1911年，在纽约的“水力发电站”，特斯拉的无叶涡轮引擎在1000—5000马力下进行测试。

特斯拉在测试发动机时，发现发动机能够达到60%的燃烧效率。值得深思的是，100年后，我们却只达到了42%的燃料能量转换率。然而，因为商业的性质，燃油销售能够让人们获取更多的利益，因此活塞式发动机仍然是当今生活的“最优选择”。

每当特斯拉看到烟囱往外冒烟时，总要大发脾气，燃料未经充分燃烧就白白浪费掉，人们把有限的资源都耗光了，这件事实在令他生气。特斯拉向几个制造厂家提出过建议，说明他的涡轮机可以对钢厂和其他工厂的废气进行运转。

特斯拉发明涡轮机后的情形，和他当初发明交流电有惊人的相似之处。如此简单、美丽的发明，具有理想电动机的许多功能，本应立刻投入市场。但事实并非如此。

特斯拉遇到了一个朋友，也是他的前助理——查尔斯·斯科特，他现在在耶鲁大学任电子工程系教授。

他们的谈话很自然地落到了特斯拉的涡轮机上，特斯拉变得异常激动。

“斯科特，”他大声说道，思绪被美好的未来愿景牵引着，“我的涡轮机将取代世上一切的热力发电机。”

斯科特抚摸着下巴，若有所思地将目光收回，好像在做精密的计算。“这会产生相当一部分废品。”他说道。

没再说一句话，斯科特就离开了。

每一个新发明诞生时，首先都要面对守旧人物的阻力。

当时，特斯拉的耳边满是保守派的声音：“这种新设备的成功将意味着放弃已经花费了数十亿美元购进的陈旧机型。”

这些心存偏见的专家发出的反对声，成了特斯拉新发明最大的障碍。

但是，这些障碍，丝毫不能打击特斯拉的信心，他反而更加坚定了他的信念。他很清楚，涡轮机的出现，恰逢其时。

20世纪初，世界见证了活塞式发动机在汽车工业中的兴起。为尝试新的可能，特斯拉发明了涡轮机。

特斯拉充满信心，这种涡轮机重量极轻，效能极高，大大优越于任何与之竞争的涡轮机。他打算把这种涡轮机也用在小型飞机上。

不久，特斯拉的涡轮机受到广泛的赞扬和喝彩。特斯拉的精神大为振奋。战争部的官员也宣称，这种旋转发动机是“世界上的一种新东西”，他们“深受启发”。

特斯拉的前助理说：“这个系统在适用于新企业的同时，也能使旧企业得到改进和提高。特斯拉的涡轮机以全新的面貌推动了世界的进步。”

耶鲁大学教授也说道：“旋转磁场的未来影响，不但不会使现有机械的价值降低，反而还会给它们带来新的利用价值。”

特斯拉开始从负债带来的创伤中挣脱出来。长久以来，沃登克里弗塔的梦魇，一直萦绕在他的脑际。他终于感觉轻松一些了。

他现在唯一所需的仍是资金，只要有资金，他的涡轮机就会让他转败为胜。他开始在心中排列可能会帮助他的投资人的名单了。

“我是宇宙介质中的嵌齿轮”

1913年4月14日，曼哈顿圣乔治教堂举行了约翰·皮尔庞特·摩根的葬礼。

《华尔街日报》这样评价摩根：“上帝在西元前4004年创造了这个世界，约翰·皮尔庞特·摩根在1901年重新组织了这个世界。”

前来参加葬礼的人，见证了一段历史的结束。

在葬礼上，特斯拉遇见了安妮·摩根，她现在名噪一时。自父亲去世之后，她又重新涉足于特斯拉的生活。

特斯拉给她写信，表达对她父亲摩根的景仰。“全世界都知道，他是一个拥有罕见权力的天才人物，但对我来说，他是一位巨人……这样的巨人，标志着人类思想和志向发展的新时代……”

安妮曾经迷恋过特斯拉，可她似乎对此早已忘记得一干二净。尽管如此，他们还是保持通信。

“我希望今年冬天同您见面，”她在给特斯拉的信中写道，“自从我们上次见面以来，又整整过去了一年，我的确深感遗憾……”

特斯拉十分高兴能同她恢复友谊。“自从我们上次愉快地见面以来，工作一直不断取得进展，情况十分可喜。我的思想还像以往一样，盛如泉涌，源源不断。看到我的这些思想成长、发展，我觉得幸福欢乐。”

安妮回信："这几个月来，您的工作收获大吗？您此刻终于感到您有所进展了吗？最近您快乐吗？"

特斯拉回了一封长信。

多年以来，这种快乐始终围绕着我，一直以来我都沉浸于发明创造所带给我的满足之中。

人类智慧最重要的产物便是发明创造，就是它，在很大程度上推进了人类的进步。发明创造最根本的目的在于利用自然力满足人类的需求，用智慧掌控物质世界。很多时候，有些发明家在进行发明创造时不仅得不到物质回报，还要遭受外界的嘲弄，于是这项任务便更为艰巨。可是，在运用智慧进行发明创造的过程之中，他们可以获得极大的满足，他们拥有的知识使他们变成某种特权阶层——人类在残酷的自然环境中能够生存，就是由于有了他们的存在。这种快乐和价值，就是他们得到的丰厚的精神报酬。

有人用"最勤奋"来称赞我，也许我配得上这个称号——前提是思考也是一种劳动，因为除了睡眠，我的脑袋就没有停止过思考。

特斯拉在信上对安妮讲了自己的新发明——涡轮机的未来。

安妮安排特斯拉与她的哥哥——摩根家族的继任者J. P. 摩根见面。

5月14日，这位年轻的银行家和特斯拉见面了，谈的是特斯拉涡轮机的商业发展前景问题。

特斯拉在和小摩根见面之后，立刻给他写了一封信，以感人肺腑的言辞描绘了这项最新发明的独到之处："只要您像我一样认识到这点，而且兼为一名专家和一名旁观者，您一定能判断我是何等焦急，我是多么希望为了世界而与您这样正直而有权威的人，建立联系……"

6天之后，特斯拉收到了小摩根公司一笔1.5万美元的贷款，利息6厘，为期9个月。

特斯拉按捺不住继续给小摩根写信。他说，老摩根曾借给他15万美元用于沃登克里弗塔工程。可他最后不得不终止这一冒险工程，要不然，第一套世界广播系统早已蓬勃发展起来了。因此，他建议建立两家新公司，一家公司专门发展无线电广播，另一家公司制造涡轮机，并且宁愿“将我在两家公司得到的全部股权交付给您”。

小摩根的回信很干脆，说他不同意特斯拉将两家公司的股权交付给他。相反，他建议特斯拉干下去，把两家公司组织好，等有了能力，再拿出一部分利润来偿还父亲之前借给他的15万美元。

在后来几年中，特斯拉不停地向小摩根发出邀请，要他对无线电站和涡轮机进行投资。

但是，小摩根对流体推进器或者无线电既弄不明白也不太感兴趣。至于电力的无线输送，他还像以前一样持反对态度。但是小摩根还是给特斯拉贷了5000美元，然后就像他父亲一样，躲到欧洲度假去了。

小摩根是秋天乘船离开的，随身带上了特斯拉送给他的一些书籍，甩下特斯拉一个人在码头上独自徘徊。

与此同时，特斯拉开始在欧洲为他的涡轮机申请许可证。由于比利时退位王子阿伯特的斡旋，他在比利时得到了1万美元特许金。意大利准备给他2万美元特许金。在美国，他签订了汽车和火车照明合同……但是他的资金仍然远远不敷所需。

他尽量沉着地对待这些挫折，而且总是及时、准确地意识到自己的处境。

“我们不过是处在宇宙介质当中的嵌齿轮。”他在给小摩根的信中写道：“这是……某些规律带来的必然结果。按照这些规律，一个先驱人物，如果远远超过了他所处的时代，他是不会被人理解的，他必然要遭受痛苦和失望，他只能安于后代子孙赐予他的奖赏。”

圣诞节前，小摩根回国，特斯拉向他写了一封救援信：“面对当前的境况，我几乎感到绝望。我非常需要钱，可在这生死攸关的时刻，我却一文不名。您大概是我唯一可以寻求帮助的人……”

小摩根却在回信中给特斯拉寄来了一份账单，要求索取两笔已经延期的贷款利息684.17美元。

1914年1月，第一次世界大战即将爆发，特斯拉恳求小摩根，说他正在为德国海军部长阿弗雷德·冯·提尔比兹建造一台涡轮机，为了造好和提交这台涡轮机，还需要5000美元。他觉得这不涉及是否忠诚于美国的问题，因为他已将这种涡轮机贡献给了美国政府。尽管战争部有人对这项发明说了些恭维话，但是国内并没有发出任何订货单。

这次小摩根发了善心，又提供了另一笔贷款给特斯拉。

两个月后，他又给小摩根写信，谈到新发明的一种汽车计速表，希望得到支持。

这次，小摩根的秘书向小摩根进言，再也不能对特斯拉的任何发明进行资助了。

小摩根的秘书把特斯拉所有的信件都退回来了。

整个冬天，特斯拉还是一次又一次地向小摩根提出请求："请不要以为我这次又在哭着哀求您的帮助，实际上，这一次是绝望地号啕大哭。"

11月间，小摩根答复说，他可以将贷款加以延期，但不再追加了。

此时谢尔弗给特斯拉寄来了自己的两张新票据让他签字，用来替换原来没有付款的票据，这样一来，他这位昔日的主人就可以将这些票据作为附属担保品使用。他深感失望，特斯拉没有能力付哪怕一点点钱。

可是特斯拉在票据上签字之后，还要给谢尔弗写信，讲涡轮机光辉灿烂的前景。

为了拾回谢尔弗的信心，特斯拉告诉他的挚友说，他的蒸汽和燃气涡轮机以及鼓风机已接近制造成功了，这些机器将带来革命性的影响。

我现在正在研究汽车、火车头车床的新型设计以及空气调节系统，以便实现我的新发明。这些发明必将取得巨大的成功。唯一不好办的事情是何时何地能找到资金，但是我相信用不了多久，投资人就会到来，那时您想要什么，尽管来找我好了。

关于诺贝尔物理学奖

沃登克里弗塔倒了，涡轮机也失去了小摩根的资助，特斯拉失去了经济来源，背负着沉重的债务。

资金，对特斯拉至关重要。

1915年11月6日，《纽约时报》刊登一条消息，它是根据路透社从伦敦发来的电讯编发的。

诺贝尔奖基金会将于下周颁发本年度的诺贝尔奖，托马斯·A.爱迪生和尼古拉·特斯拉是1915年诺贝尔物理学奖得主的首选人物。

特斯拉与爱迪生被同时提名诺贝尔物理学奖。

特斯拉在接受电话采访时，告诉记者："这就像共享一个老婆，如何能两人一起共享，特别是与一个骗子、盗窃犯共享，岂不是玷污?"

特斯拉认为，爱迪生根本没有资格拿诺贝尔奖来玷污学术，因而他回复诺贝尔团队，拒绝提名。

尽管特斯拉没有了经济来源，但他不失傲骨："我有不止四打发明可以让我的名字载入科技史册。这些真实和永存的荣誉，不是被少数几个人授予的，而是整个世界赐予我的。为了这样的荣誉，我宁愿用未来1000年所有诺贝尔奖来交换。"

第二天，特斯拉在接受《纽约时报》记者采访时不胜悲愤，因为经过这么多年，世界还不了解他在无线传输方面的想法。

只要有了沃登克里弗塔这套设备，纽约市的电话交换台就可以关门大吉了，电话用户不用通过通话台的交换，就可以同世界上任何地方的任何人直接通话。欧洲战场上的情况，只需5分钟就能传到纽约。

流经大地的电流，从传送站发出时，在该地区具有无限大的速度；经过6000英里距离之后，减慢至光速，然后又从该地区不断增加速度，当到达接收站时，其速度又增加到无限大。

这种东西妙不可言！过不了几天，无线电就像飓风一样，将向人类显示出其全部威风。比方说有朝一日，在世界广播系统里设立六座巨大的无线电话站，将地球上的所有居民互相联系起来，使他们不但能彼此听到对方的声音，而且彼此可以看到对方的模样。

可以说，特斯拉的沃登克里弗塔所要实现的，恰好是80年后的互联网所实现的。

一周后，诺贝尔物理学奖，颁给了牛津大学的威廉·亨利·布拉格与威廉·劳伦斯·布拉格父子，以表彰父子在X射线和晶体结构方面所做的贡献。威廉·劳伦斯·布拉格因此成为史上最年轻的诺贝尔物理学奖得主，时年25岁。

不过25岁的威廉·劳伦斯·布拉格，不幸遭到当时理论派科学界的疯狂嘲笑，他们大肆批判这位乳臭未干的小子玷污科学界。

但这位年轻人，在以后的55年间，利用X光，破解了很多关于蛋白质方面的问题，尤其是在DNA方面做出了不可磨灭的贡献。

如果说，尼古拉·特斯拉解开了宇宙的奥秘，那么，威廉·劳伦斯·布拉格就是解开了生命的奥秘。

1931年，特斯拉的朋友们为他庆祝75岁寿辰，《时代》杂志再度将他搬上封面，科学界的祝寿卡片如雪片般飞来，其中也包括爱因斯坦：“我诚挚地向您毕生的工作致敬！”

特斯拉在75岁寿辰时，共收到八位诺贝尔物理学奖得主的感谢函。

1943年，特斯拉的葬礼，同样是由三位诺贝尔物理学奖获得者代表诺贝尔团队致辞。历年来，一直都有诺贝尔物理学奖获得者对尼古拉·特斯拉表示感谢与敬意。

据调查，研究尼古拉·特斯拉的发明，从而直接得到启发并获得诺贝尔物理学奖的占了27%，而间接得到启发的更是超过65%，也因此，尼古拉·特斯拉被称为“现代物理学之父”。

雷达发明被打入天牢

1916年3月，特斯拉因拖欠市里935美元个人所得税，被传到纽约法院受审。

谢尔弗一连几天彻夜没有合眼，他一直为特斯拉的税收问题提心吊胆，现在果然大难临头了。每家地方报纸都登载了这条消息。对特斯拉来说，这场灾难来得太冤枉了。几乎同一时间，爱迪生被委派到华盛顿担任一项重要的国际研究职务，而马可尼公司、威斯汀豪斯公司、通用电气公司以及成千上万的小公司，都因特斯拉的专利而大发其财。

特斯拉在法庭上被迫承认，多年来他在阿斯托丽亚饭店一直靠借钱过日子，他自己一分钱也没有，一身都是债务。沃登克里弗塔占用的土地被没收了，后来转卖给了一位纽约律师。

但是，特斯拉的心思，根本不在法庭上。“从具有可行性的理论到实际数据，没有什么东西是不能在脑海中预先测试的。人们将一个初步想法反复实践的过程，完全是对精力、金钱和时间的浪费。”

他琢磨成功了一个新的发明——雷达。

1916年，特斯拉已经60岁了。

他的朋友们经常评价他穿着得体，衣服非常合身，就像量身定做的一样。其实他们不知道，他的衣服都是35年前定做的。35年以来，他的身材就没有变过，体重也是一样。

一天，他想买一副新眼镜，然后去一位眼科医生那里例行检查视力。他可以十分轻松地看清视力表上最下面的一行。医生非常怀疑，觉得不太可能。得知他已经60岁了，医生更是惊讶得合不上嘴。

在一个天寒地冻的冬夜，他要赶回酒店，但打不到出租车，于是沿着马路往回走。他的身后不远处，另外一个男人也在走路，估计跟他一样，也是打不到车而需要走路回家。因为路面湿滑，他不小心滑了一下，在将要摔倒的时候，他凌空翻了个筋斗，双手撑地，然后起身继续走路，就好像刚才只是表演了一个杂技。跟在他后面的那个男人非常惊讶，问他多大岁数了。那个男人得知他已60岁，惊呆了："我只见过猫这样矫健敏捷，从来不知道人也能这样。"

我的自我控制能力确实给我带来了愉悦感和丰厚的回报。

当我还是个孩子的时候，父母就教育我要学会自省，当时，这让我极为痛苦。然而，现在看来，这的确是一件好事，因为从小就被灌输的自省精神让我认识到：自省是人生的无价之宝，是成功的必经之路。我们所生存的现代社会对我们产生着无形的危害，生存压力和各种必备的知识每天铺天盖地而来，逼着我们不得不接受。我们绝大多数人都忽略了自己的内心世界，只是过分地关注外部世界。

可以说，这从根本上导致了数以百万计的人过早地离开世界。尽管有些人注意到了这个问题，但他们往往不能正视，从而忽略了真正的危险。这个说法不仅仅适用于个人，更适用于整个民族。

1917年4月，美国加入第一次世界大战。仅在一个月内，被德国潜艇击沉的协约国船只，就已达到了100万吨位。

因此，研究出能够侦察到潜艇的办法，是当务之急。

当特斯拉考虑雷达的军事用途时，他首先想到的就是测定船只和潜艇的位置，而不是测定敌人的轰炸机。

早在1900年6月，特斯拉就在《世纪》杂志发表的一篇文章里，全面提出了雷达的总概念。

驻波……要超过向一定距离之外发出的无线电报……比方说，通过利用驻波，我们可以从一个发射站任意给地球任一特定区域造成电效应；我们可以测定一种移动物体如海上船舶的相对位置或路径，测定该物体的经过距离或者速度……

1917年6月，特斯拉向美国军方提供了雷达模型和设计。特斯拉的超低频波会穿透海洋，而且可以用于通信。

他在1917年8月的《电气实验家》杂志上发表文章，描述了近代军用雷达的主要特点。

如果我们能射出一种密集的射线，即一束以极高频率（比方说几百万周/秒）进行电振荡的微小电荷，然后这种射线被一种东西，例如潜艇壳身反射回来，此时我们又将这种射线加以截收，在同一条船或者另外一条船上将截收得到的射线显示在荧光屏上（类似X射线方法），这样一来，测定隐蔽着的潜艇的位置问题就迎刃而解了。

此种电射线必须具有极短的振荡波长，而最大的问题也就在于此，如何能够造成足够短的波长和巨大的能量……

探测射线可以断断续续地发射，这样可以猛烈发出极其可畏的强大的脉动电能射束……

但是，谁也想不到的是，爱迪生和海军部长约瑟夫斯·丹尼尔斯是好友。爱迪生听说特斯拉发明了军用雷达，便通过海军部长，当上了美国海军研发中心主任，主持华盛顿新设立的海军顾问局，主要研究美国应作何计划和借助何种发明来作战，主要任务就是寻找一种能侦察德国潜艇的方法。

爱迪生担任美国海军研发中心主任，历时两年之久，本应致力于寻找一种能侦察德国潜艇的方法，研讨作战计划和研制打仗所需的一些发明，但事实上，他只做“成功”了一件事，就是把特斯拉的雷达发明，打入天牢。

爱迪生说服了美国海军，告诉他们：“雷达是纯粹的梦话，是一个不实用的技术。”

爱迪生在美国海军的研究报告上签字，将特斯拉的雷达，束之高阁。

爱迪生在担任海军顾问局领导人之后首次发表意见时说：“我认为不必要进行大规模的科学研究。”

他说，海军可以接触到标准局里“浩如烟海的事实材料”。海军所需要的是发展工艺技术的实际工作人才，而不是研究家。

顾问局也是要吸收民用方面的专家的，但他说明，并不需要物理学家。

在科学事业上雄心勃勃的海军军官，也同大学里的科学家一样受到冷遇。潜艇探测器情况如何？会不会对这个项目加强研究？他们很想知道。

爱迪生无动于衷，他认为，搞海军研究实验室纯属异想天开。如果海军坚持这样做，他认为海军首先应当了解，他过去是如何管理实验室的。“我们现在没有一套制度，没有章程，有的只是一大堆垃圾。”

爱迪生逼得大学里的科学家们“造反”了。在当时，文盲科学家、伪科学家比比皆是。真正的科学家反而被遏制，被陷害，一生的发明不断地被有钱人盗走。而有钱人买技术，挂名当科学家竟已成为一种常态。

科学家们制订了一项计划，打算从一开始就绕开海军，直接找白宫最高领导层。他们通过美国科学院向威尔逊总统发出呼吁。

他们据理力争，认为科学院应当成为全国的“科学宝库”之一。

不久，美国建立了全国研究委员会。它就是后来美国各种研究机构的前身，是获得科学拨款的摇钱树。

全国研究委员会，后来吸收了大学、工业界和政府方面的著名科学家和工程师，目的是要同时推动基础科学研究和应用科学研究。

教授们“造反”的第二步行动，也为后来开创了一个先例，那就是在华盛顿建立一个总部，它与白宫和国会的钱库相距只有几个街区。

全国研究委员会为联合美国各方力量起到了十分明显的作用。这个团体立即得到商业界和工业界的支持。全国研究委员会，深深地影响了20世纪美国生活的各个方面。颇有讽刺意味的是，在最开始的时候，它本是用来对付爱迪生的一种策略。

政府立即给全国研究委员会布置了任务，并分配了资金，让他们找出办法来探测德国潜艇。这和爱迪生的顾问局已经着手搞的项目完全一样。此外还建立了一个协约国机构，责成法国和美国科学家加快发明潜艇监听装置。

不可或缺的雷达发明

特斯拉发明的雷达，并没有受到全国研究委员会的重视，而他对监听装置这类小发明，又不愿多伤脑筋。相对来说，导弹研究更合他的口味。

他在《纽约时报》的一篇文章中简单透露了他最新的一项专利的申请内容，引起了大家的兴趣。

他说，这种新装置“如同雷神的霹雳”，能够摧毁敌军的整个舰队，至于陆军部队，更不在话下。

他透露，这种装置是一种飞弹，以每秒300英里的速度划空而过，它又是一种无人驾驶的运载工具，既没有发动机也没有翅膀，靠电力发射，可以将炸弹投掷到世界任何地点。

当他还是一个大学生时，他就曾构想过一种飞行装置，它们与现有飞机差异很大。基本原理很好，但是因为缺少一种极大功率的发动机而未能实现。

近年来，他已经成功地解决了这一问题，他设计了一种“没有机翼、没有副翼、没有螺旋桨、没有其他外部装置的飞机”。

它的飞行速度极高，完全通过反作用实现续航和驱动，既可以通过机械方式又可以通过无线方式来控制，安装一定的装置后，可以发射导弹，非常精确地击中数千英里之外的预定目标。

特斯拉说，他已经制造成功一种无线电发射机，它功率极大，能用来实现这一超群绝技，不过现在还没到透露这种导弹详情的时候。

他对于建立机器人舰队的计划，也没有丧失希望。一年前，他还敦促政府“在我国东西海岸线上选择适合的战略制高点，安装无数套光线电控制装置，交给有能力的军官指挥，而且给每一套装置划定一定数量的潜艇、水面舰只和飞机。从岸上的无线电控制站……对处在任何距离之外并能通过高倍望远镜观察到的这些船只和飞机，可以控制自如……如果我们充分配备了这种国防装置，敌人的任何战舰或其他船只就休想进入这些自动船只和飞机的活动范围之内……”

这种导弹设想，源自于特斯拉的放大发射机，被开发为一种进攻或者防守的武器，具体来说，它需与远程自动控制机配合使用。

这个发明是一系列观察的结果，从儿童时期我便开始思考，并贯穿了我的一生。当时，我真的认为，这一技术可以消灭战争，因为这一技术的杀伤力是毁灭性的，而且无需人的参与。

第一次世界大战期间，同盟国由德国、奥匈帝国、奥斯曼帝国（当时的土耳其）与保加利亚组成，它们共同与协约国对敌。

协约国是以英国、法国、沙皇俄国为主的国家联盟。还包括南斯拉夫等弱小的欧洲国家。第一次世界大战中后期，美国、日本、中国等一些国家也先后加入协约国联盟。

在美国还没有宣布参加协约国同盟之前，特斯拉站出来，提出了反对的声音。

他说：“鉴于目前世界存在的巨大冲突，我相信，美国应该坚持自己的优良传统，坚持自己声称的对上帝的信仰，避免‘参与任何联盟’，只有这样才是对人类福祉的最大贡献。美国由于其特有的地理优势，一直远离各种激烈冲突，无意参与领土兼并。它拥有无穷无尽的资源和具有自由权利思想的庞大人口。所以，这个国家具有独一无二的优越性。它完全可以独立地利用自己强大的实力和道德力量为全人类谋利，这比加入任何联盟都更有效，也更明智。”

特斯拉对和平有自己的看法。

他说：“无可否认，‘神圣同盟’对于一些弱势民族可能十分有益，但是根本不能让我们实现核心目标。和平只能是全世界文明发展和民族融合的自然结果，但是我们距离这一伟大理想的实现还非常遥远，因为很少会有人承认上帝仿照自己的样子创造了人类这一事实，也就是说，全世界人民都是一样的。事实上，虽然肤色不同，世界上的所有人民都属于同一个种族。基督是一个人，而他又体现在所有人类当中。那么，为什么一部分人非要认为自己比其他人更优越呢？”

他渐渐发现了战争的根本原因：“当时，我真的认为我的这一技术可以消灭战争，因为这一技术的杀伤力是毁灭性的，而且无需人的参与。不过，虽然我仍然相信它的巨大发展潜力，但是我的观点已经发生了变化。如果不能消除战争发生的物质原因，那战争就永远是不可能避免的。从根本上来说，这是世界上大部分地区产生冲突的原因。只有消灭了各方面的分歧与隔阂，信息传递、旅客运输、能源供应与传输大大发展，才能确保人类之间的永久友好与和平。现在，我们急需的是促进世界各地人民和国家之间更加亲密地接触和更加深入地理解，消灭种族中心主义和民族冲突等狂热思想，这些东西常常让世界陷入原始野蛮和相互厮杀之中，任何同盟条约和议会法案都不可能阻止这种灾难的发生。而这些新设备只能进一步将弱者置于强者的淫威之下。”

但是，由于爱迪生在海军对特斯拉的“封杀”，华盛顿对特斯拉发明的雷达或是导弹，也并不感兴趣。

全国研究委员会的科学家们正在制造一种相当原始的监听装置，这是一种配有电放大器的多管装置，设计安装在潜艇探测船的船壳上。这样一来，似乎人人都把耳朵贴到这种装置上面去了。这种装置也的确起到了一定作用。过了很久，声呐制造出来了，基本原理恰恰就是用了“冷藏”的特斯拉的雷达方案，声呐就是使听不到的高频振荡从目标反射回到发送装置，通过此种方法探测潜艇和水雷之类东西的存在。

面对海军和全国研究委员会的封杀，特斯拉已经习惯了，他不再悲愤，不再难过，也不再感到孤独。

他在给谢尔弗的信中一如既往地淡定：“我能失去什么呢？我什么也没有失去。我只是无偿地把技术给了人类。”

尽管美国海军和全国研究委员会“冷藏”了特斯拉的雷达，可谁也挡不住雷达在全球的星火燎原之势。

阻力越大，越不可阻挡。

1934年，由艾密尔·基拉杜博士领导的法国研究小组，制成并在船只以及陆地站上安装了雷达。这位法国人说，他们使用了“按照特斯拉提出的原理精确设计制造的仪器”。他进一步说：“特斯拉曾建议脉冲要具有极大强度，在这个问题上我们也必须承认，他说得十分正确。”但在当时，这种技术是没法实现的，“最大困难就是如何去大大提高强度”。

德国科学家根据特斯拉的大气脉冲雷达，也研制了一种雷达。尽管1935年，官方正式承认是美国科学家罗伯特·A. 沃森—沃特成功制造了雷达原型，但归根到底其还是特斯拉首创的，是他促成了这项发明的巨大成就。

特斯拉所发明的大气脉冲雷达，虽然没有得到美国军方高层的承认，但是军方工程师们，亦步亦趋，按照特斯拉发明的雷达，一步步进行试验。雷达的每一个零件，都是按照特斯拉的设计组装的。

第二次世界大战爆发前，这种雷达终于在一次应急计划中试验成功。

1937年，美国在大西洋舰队一艘老驱逐舰“里尔丽”号上进行首次航海雷达试验。由于试验成功，后来制成了XAF型雷达。

到1941年为止，共有19艘舰只使用了后来制成的另一种型号雷达，而且创造了卓越的战绩。

雷达发明的及时出现，拯救了英国，使英国在纳粹的对英战役中免遭敌人轰炸机的破坏。

第二次世界大战爆发不久，希特勒威胁说要入侵英国。英国便有一个研究小组钻研特斯拉的雷达设计，英国地面雷达网属于最早的尚未采用微波的雷达装置，其设有极其巨大的天线，用来发射长度达10米左右的无线电波。

即使如此，这些原始的装置还是功勋卓著，赢得了空战的胜利。并在最后制成了一种功率极大的磁控管，从20世纪40年代开始的新型雷达所使用的发生器，全部是在这种磁控管的基础上发展起来的。

战后，商业航空公司及航海公司也竞相使用雷达，而且，在宇宙空间探索方面，雷达也很快成了不可缺少的工具。

第二次世界大战结束之后，也正是特斯拉论述雷达的文章发表15年之后，美国和法国两国的研究小组，按照特斯拉提出的原理研究出了一种新的系统。海军研究实验室的两位年轻科学家洛伦斯·H. 海兰德和里奥·杨，重新发现了短脉冲高频射束的潜在用途，而且这次是把飞机和水面舰只都考虑在内。

在美国，由于受到国防部保密的影响，雷达在军事方面的研制工作进一步受到阻碍，但是后来陆、海两军还是及时研制成功了长波雷达装置。

无论爱迪生怎样阻止，美国军方怎样“冷藏”，都改变不了雷达与特斯拉惺惺相惜的命运。

雷达的命运，是不可逆转的。

而今，无论是谁，想到雷达，就会想到特斯拉。想到特斯拉，就会想到雷达。两者的命运，紧紧地捆绑在一起。

但凡一个人的情怀，大到人类，自然会得到上天的眷顾。

即使在短时间里，被遏制，被抹杀，但是，它们终将往命定的方向走去。

正如特斯拉所说：“我相信无线世界里的一切，都是公平的。”

垂直起落战机

从第一次世界大战开始，特斯拉就一直在研究先进的高速飞机结构设计和发动机，后来终于为空军设计出了垂直起落战机（“飞炉”）。

特斯拉说：“这是一种样式很新颖的飞行器，它不需要燃气包、翅膀和推进器，却可以以极高的速度向任何方向飞行，无须考虑天气状况和危险的下降气流。”

特斯拉直到1921年和1927年才申请此项专利，并于1928年1月3日最终得到批准（1655114号专利，空中运输装置）。公布专利那年，特斯拉已经72岁了。

由特斯拉这种飞机“繁衍”出来的后代（和简单的直升机不同），在现代技术文献中被称为垂直起落飞机（VTOL）。

在特斯拉的各项发明中，这项发明是最特殊的，它虽已成为专利，但由于缺乏研制费用而始终没有制成样机。

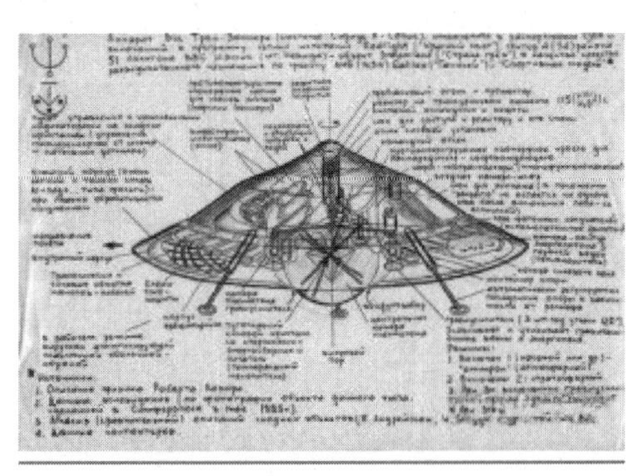

特斯拉“飞炉”示意图

特斯拉在与空军技术部负责人库林见面时，介绍这种垂直起落飞机，成本价不到1000美元。这种飞机有一个直升机型的升力螺旋桨，可以垂直升入空中。驾驶员扳下一种倾斜装置，使飞机前倾，就可以让螺旋桨位在前端，呈一般飞机的式样。如果驾驶员把机翼调整到水平位置，他的座位就会自行旋转，始终保持垂直状态。

特斯拉发明的重量轻、功率大的涡轮机，以极高速度将飞机向前推进。着陆时，操作过程正好相反，而且只要有一小块降落场地即可，像一间车库或一间卧室的屋顶，哪怕是在一只小船的甲板上降落都行。

特斯拉向库林比较他的直升机和兰格雷教授试飞的飞机。

特斯拉说，兰格雷的飞机如果遇到下沉气流就会坠毁，而直升机在这方面要优越得多。

把后来任何一种飞机拿来和兰格雷的原型飞机比一比，一看就知道没有人做过什么改进。还是那些老式的螺旋桨，还是那些老式的倾斜机翼、方向舵和螺旋叶片，没有什么明显不同……有五六个飞行员在一片喝彩声中相继登上了天空征服者和国王的宝座，但是，这种荣耀还不如给予约翰·D. 洛克菲勒更合适。我们就要有一种新的发动机了，这种发动机不但能在空中支撑它自身的重量，而且能支撑比它自身重数倍的重量。现在只等有充足的高级燃料了。

特斯拉预言，真正成功的重型航空器，要采用区别于过去的新原理，而且很快就要变成现实了。“这种飞机一旦出现，它对制造业和商业将产生前所未有的推动作用。但政府一定不要采取严厉镇压西班牙人时期的那种办法，因为事实已经证明，采取这种办法，只能使无线电技术——让人类绝对主宰空间的理想毁于一旦。”

特斯拉以为，绕过了海军，就摆脱了爱迪生的影响势力范围。

但是，爱迪生的影响，已经在全军中发酵。军中高层，只要看见特斯拉的发明，第一反应就会想起爱迪生对特斯拉的判决：“纯粹的梦话，是一个不实用的技术。”

所以，无论特斯拉对空军怎样阐释垂直起落飞机的优势，垂直起落飞机的命运与雷达一样，被军方当成“天方夜谭”。

事实上，特斯拉40岁以后的发明，有着“井喷”的节奏，并且越来越恢宏，但每一个发明，都被无情地拒之门外。

直到他去世10年后，1953年，康维尔和洛克希德两家公司，才参照特斯拉的基本原理制成并试验了这种飞机。

当然，从工程构造上看，制成的飞机要比特斯拉所构想的要复杂得多。在这类飞机当中，以康维尔XFY-1“波戈”较为成功；这是一种单人海军战斗机，重1.4万磅，装有一台5850马力的阿利森T-40涡轮螺旋桨发动机。飞机停下时，机尾向下，机头直指天空；飞行时，垂直起飞，然后旋转90°，呈水平状态飞行，设计最大时速超过600英里/小时，飞行高度1.5万英尺。

虽然“波戈”的试验情况总的说来是成功的，但是海军还是决定不将这种飞机投入生产。海军方面的鉴定人员认为，阿利森发动机功率还不够强大，而且驾驶员的旋转座椅设计不合理，不能适应飞行姿态的剧烈变化，此外着陆很复杂，实际上是盲目的，太危险了。

不过，不要长跑道就可以起飞的实用飞机，对军事和商业的潜在好处，大家都心知肚明。

继康维尔和洛克希德进行轰动一时的试验之后，国际航空和航天工业界便全力投入研究，寻求一种理想的垂直起落飞机设计。

人们进行了无数种方案的试验，直到20世纪80年代初期，才找到一种较好的方案：在着陆和起飞时，飞机本身不改变飞行姿态，而是将发动机做了改进，使推力方向可以旋转90°。

两种处于世界领先地位的新式战机——英美不列颠航空和航天公司的“鹞式”以及苏联雅可夫列夫设计的“雅克-36”，应用的都是这一原理。

很明显，特斯拉的垂直起落战机设计，和现代复杂精良、威力强大的垂直起落飞机，不能同日而语。

但是，“飞炉”是在喷气发动机的前几十年就设计出来的。

20世纪50年代初，康维尔和洛克希德的试验及特斯拉设计的方案，对后来的垂直起落战机，是必不可少的前期经验。

当时，整个航空事业都处于初创时期，特斯拉同样走在了世界航空业的前沿。

与爱迪生和解

1916年，美国电气工程师学会副主席B. A. 贝伦德，负责该年度爱迪生奖评审工作。

爱迪生奖章，由爱迪生的家族及其同事创立于1904年。四年后被美国电气电子工程师学会接手运作，“授予在电气、电子工程或电气技术领域具有卓越成就的人”。从此，爱迪生奖章，成为美国电子工程领域历史最悠久，同时也是竞争最激烈的奖项。

1911年，乔治·威斯汀豪斯获奖，以表彰他在发展光电交流系统方面取得的成就。

在美国，获得爱迪生奖章，对于任何一个工程师来说，都是一种崇高的荣誉。

贝伦德是一位负有盛名的工程师，年轻时就由衷地崇拜特斯拉，他多次为特斯拉打抱不平：一个开创电力新时代的人，一个造福于全世界的人民和工业、城市和乡镇的人，现在却要拼死拼活，只求在旅店里找到一个栖身之处！他发明了无线电，无线电被推广应用了，他却被剥夺了应得的奖赏和荣誉；他发明了新的照明方法，别人从中捞到了利益，而他却没有得到什么报偿；他发明了高频装置，一些讲究实际的人用它开展电法治疗，发展出一门医学技术，几乎人人都会从中受益，只有他被排除在外。

贝伦德很快就发现，要美国电气电子工程师学会授予特斯拉一枚爱迪生奖章很容易，而要让特斯拉接受这枚奖章却很困难。特斯拉不需要爱迪生奖章，自然也不会接受这枚奖章。

贝伦德给特斯拉写了一封长达10页的信，请求特斯拉接受这枚奖章。

“我们把这桩事丢开吧，贝伦德先生，”特斯拉回信，“我感谢您的好意和友情，但是我希望您回到委员会去对他们说，请他们另选别人……自从我当着学会宣布我的旋转磁场和交流电系统以来，已经近30年了。也许别的什么人用得上学会的奖赏，但是我不需要。”

旧日的创伤又复发了，痛如刀绞。的确，美国电气电子工程师学会怎么能如此疏忽大意呢？这家学会的会员，大概有四分之三以上都是靠特斯拉的发明才找到工作的。

爱迪生和特斯拉势不两立，这是人们所共知的。可是贝伦德知道，特斯拉在这个时期既需要也应当获得这种荣耀，因此他坚持要这么做。

贝伦德又给特斯拉写了一封长信。结果惹得特斯拉大怒。

您打算要他们颁给我一枚奖章，叫我把它别在胸前，好让我在你们学会的会员和来宾面前招摇。你们做出给我奖励的样子，但你们不过是点缀一下我的外表，你们根本不会承认我的精神，你们还要继续压制我的精神，压制我的精神结出的创造性成果！你们整个学会，就是靠我的这些成果起家的！

其实，特斯拉很少对外表露他对爱迪生的埋怨，这次却按捺不住了。“你们演出这场给特斯拉授奖的哑剧，实际上不是赞扬特斯拉，而是赞扬爱迪生。就是这个爱迪生，他让别人领他的奖章，自己却从这些受奖人的身上窃取了他根本不配得到的荣誉！”

贝伦德并不作罢，他数次登门拜访特斯拉，劝说他去接受奖章。

贝伦德开门见山地说：“爱迪生奖并不是爱迪生个人的事，这关系到美国整个电气、电子工程或电气技术领域。这个奖项现在的实际意义已与爱迪生本人没有多大的关系，而是整个美国电气电子工程师学会授予的荣誉。以您在美国乃至全世界在电气、电子工程或电气技术领域所做的贡献，您完全有资格取得这个奖项。我恳请您能接受。”

特斯拉凝视贝伦德良久，想着贝伦德长久以来的坚持和执着，略带无奈地说：“好吧，我可以接受这个奖。”

特斯拉几乎每天都从工程师俱乐部门前经过，但他再也不进去了。这座楼房，矗立在布莱恩公园对面。

公园附近是公共图书馆，特斯拉每天都来这里喂鸽子。许多工程师都看见过这位奇怪的高个子老人。神气十足的工程师们，是不会到公园里来闲逛的，他们不屑喂养这些飞禽。

当时，鸽子是没有社会地位的，它们挨冻受饿，只能赢得像它们一样生活没有着落的人们的同情。

记者也盯上特斯拉喂鸽子的事情了。每逢午夜回家路经公园附近，他们常常会看到特斯拉徘徊在茫茫夜色之中，独自沉思冥想，身边仅有一两只鸽子与他做伴，在他手心中啄食。说也奇怪，那些原本在天黑以后就躲在窝里的鸽子似乎很爱与特斯拉待在一起。

在爱迪生奖章授奖仪式上，工程师俱乐部的宴会厅摆开了酒宴。这是一次隆重、喜庆的活动。特斯拉仪表堂堂，容光焕发，俨然回到了自己的青春岁月。在场所有人的目光，都聚集到特斯拉身上。

宴会过后，会员和来宾们都要穿过一条小巷到三十九街联合工程协会大楼礼堂开会。

特斯拉接受爱迪生奖

但是，从宴会厅出来，走到礼堂附近，特斯拉突然消失不见了。

特斯拉在众目睽睽之下凭空消失了。

委员会乱作一团，立即派人四处寻找特斯拉。听差寻遍了所有休息室，都没有找到他。

贝伦德奔到街上雇了一辆出租车，连忙赶往列吉斯街特斯拉下榻的旅馆。但他在半路上转念一想，又转向了布莱恩公园。

夜色已浓，贝伦德摸索着找到了公园入口，只见那里簇拥着一大堆人，在昏暗之中探头围观着什么。

贝伦德拼命挤了进去，一眼就看到了特斯拉，特斯拉从头到脚都落满了成群的鸽子。有的栖在他的头上，有的在他手中啄食，有的沿着他的双肩爬上爬下。在他黑色皮鞋周围，云集着一大片正在咕咕叫的鸽群。

特斯拉发现了贝伦德，他将食物撒了一地，一边撒一边对贝伦德说："这些都是我忠诚的朋友。"

特斯拉小心翼翼地将那些满身羽毛的朋友轻轻拨开。最后才慢吞吞地掸掉身上的鸽毛，答应跟贝伦德回到礼堂。

特斯拉走进会场时，全场起立，雷鸣般的掌声响了起来。

贝伦德走上主席台，宣读他为他的老朋友写的正式荐辞。声音铿锵有力，感人肺腑。

如果我们贬低特斯拉先生的工作成果，将他排斥在工业之外，那么工业的轮子就会停止转动，我们的电车和火车就要抛锚，我们的城市就要陷入黑暗，我们的工厂就会瘫痪。是的，他的工作成果影响无比深远，就像经纬脉络贯穿于整个工业……他的名字标志着电气科学向前迈进了一个时代。他的发明引发了一场革命……

最后，贝伦德模仿了波普献给牛顿的两行诗：

自然和自然规律隐没在黑夜之中，

上帝说：叫特斯拉来吧。他会让一切重见光明！

美国电气电子工程师学会主席W. W. 赖斯在发表讲话时，谈到了特斯拉的振荡电流研究工作所带来的科学进步。

特斯拉的研究工作促成了伦琴的伟大成就，使他发现了伦琴射线，也促成了后来几年间J. J. 汤姆森和其他人在世界各地所进行的种种研究工作，推动他们真正建立了近代物理学的概念。特斯拉的研究……比马可尼早几年，为无线电奠定了基础……我们在科学和工程技术的各个领域都能发现……特斯拉做出贡献的重要证据……

特斯拉最终在热烈的掌声中站起来，走上主席台。

他决定摒弃与爱迪生的个人恩怨，并从心底产生了要为托马斯·爱迪生说句好话的勇气。

特斯拉回忆了他与爱迪生第一次见面的情形，说："那时，这位卓越的人物根本没有受过任何理论教育，没有什么过人之处，一切成就全是他自己干出来的，他全靠勤奋取得了重大成就……"

特斯拉说："他一直陶醉于一种信念，即人类生存的最大奥秘仍然有待探索。"

我可以保持心境的安详宁静，能够在遇到灾难时化险为夷，而且达到这样一种自得其乐的状态，就连生活里的黑暗面、现实中的折磨和苦难也可以给我以某些快慰。我有显赫名声和无穷财富，然而有多少文章把我说成一个不切实际、屡遭失败的人物，又有多少蹩脚的贪图名利的作家，把我叫作空想家。世人竟然愚蠢和眼光短浅到如此地步……

爱迪生在病榻上听到特斯拉为他说好话，他对家人忏悔："我犯了许多错误，一生中犯的最大错误，就是我未曾尊重特斯拉和他的工作。"

1931年10月18日，爱迪生在西奥伦治逝世，终年84岁。

10月21日，全美国熄灯以示哀悼，那天夜晚，自由女神高举的火把也熄灭了。

一生的挚爱

特斯拉步入耄耋之年，肯尼斯·M. 斯威兹，一个年仅19岁的作家，走入了他的生活，和他成了忘年交。也正是这位作家，记录下了特斯拉晚年的许多时光。

特斯拉喜欢和年轻、乐观的斯威兹一起在百老汇的街头漫步。他们探讨文学、诗歌。

和斯威兹一起，特斯拉不由得忆起自己的少年时代："我得过三次大病，连医生都觉得没救了。除了生病，还有过几次灾难，好在大难不死。我曾经迷路，有几次差一点被淹死，有一次险些被烧死，还有一次被埋了起来。此外，我还碰到过疯狗、撒野的牛群和尖嘴獠牙的野猪，吓得我心惊肉跳，落荒而逃。在经历过这么多劫难、病痛之后，我至今居然安然无恙、身心健康，这简直是个奇迹。仔细回想以往的经历，我深信，我之所以能够多次幸免于难，绝非偶然，自有一股力量在起作用。"

特斯拉兴致勃勃地对斯威兹讲起了他的无线输电系统，他说："发明家所做的工作，从根本上来讲，是在挽救生命。利用能量、改良设备、为人们提供更舒适和便利的生活，本质是在提高人类生活的安全性。所以，一般而言，发明家比常人更多思善谋、敏于观察，在困境中也更有能力保护好自己。"

在斯威兹看来，这个看上去瘦骨嶙峋的老人有着神一般的力量和光芒。在他的世界，地球不过是地球仪，被他轻松地按在食指之下。

有一次，正说着话的特斯拉突然沉默了，斯威兹以为特斯拉在为有生之年难以实现自己的多项发明而感到伤心，但特斯拉说："不过，此刻我更加惦记宾馆里的那只小病鸽，比起所有的无线电问题，这更值得我担心。"

后来，特斯拉对斯威兹讲起这只鸽子。

这么多年来，我一直在喂养鸽子，几千只鸽子。但是有那么一只鸽子，一只美丽的鸽子，它全身纯白，只有翅膀尖上稍带浅灰，像天堂的颜色。这只鸽子与众不同。它是一只雌鸽，不论她跑到什么地方，我都能认出她。

我住在33层，每天早上她都飞到我的窗口。不管我在哪里，这只鸽子总会找到我。如果我需要她，我只要心中一想，唤她一声，她立刻就飞到我的跟前。她理解我，我也理解她。

我爱这只鸽子。

是的，我爱她，我爱这只鸽子，如同一个男人爱一个女人，我知道鸽子也爱我。只有和她在一起，我才能感觉到生命的意义。

如果她病了，我立刻就会知道，我立刻看得出来；她会飞到我的房间里来，我要在她身边守候好几天，照看她一直到她恢复健康。如果鸽子需要我，别的什么事我都可先放在一旁。这只鸽子是我生命中的欢乐之源。

后来有一天夜晚，我关灯躺在床上，像往常一样思考问题。这时她从敞开的窗口飞了进来，落在我的书桌上。我知道她来找我，是要告诉我什么重要的事情，于是我就从床上爬起来，走到她的旁边。

我一看她，就知道，她想告诉我一句话，我知道她要告诉我——她快要死了。在我领会她的意思之后，她的眼睛里射出一道光，一道强烈的光。我从来没有在任何其他生物的眼睛中看见过，像鸽子的眼睛一样这么强烈的光。

特斯拉停顿一会儿，就像是回答斯威兹没有说出口的一个问题，继续说：“是的，这道光，强烈、耀眼、炫目，比我在实验室里用最大的灯泡照出来的光，还要强烈。”

我把这只鸽子捧在手心，她的羽毛，轻轻地吻着我的手心。她抬起头，看着我，渐渐地，她的眼睛，失去了光芒，她闭上了眼睛。她在我的手心里，咽了气。

鸽子死去之后，我的生活也就失去了能量。在那之前，不管我的计划显得何等野心勃勃，我知道，我终归能够完成得了。但是当我失去了她的时候，我知道我一生的工作也自此要了结了。

特斯拉喂养了成千上万只鸽子，每一只他都能辨别出来，每一只都有每一只的音容笑貌和性格特征，而这只通体雪白、翅膀尖上略带浅灰色的雌鸽，是他的挚爱。

对特斯拉来说，人类的感情是自私的，更重要的是，人类缺乏同情心。而这只通灵的鸽子，对他充满了同情。她抚慰着他孤独的灵魂。

她在他的手心，停止了呼吸。

从此，再也没有一只鸽子，能取代那只白鸽。

“是的，我喂养鸽子许多年了，我还要继续喂鸽子，喂几千只鸽子，可是有谁知道……”特斯拉每天到家附近的布莱恩公园喂上千只鸽子。当他卧床不起，不能喂鸽子时，便雇人去公园喂鸽子。

只要可以下床，他就会去公园喂鸽子。公园里，人们常常看见一位高个清瘦的老人，带着一包鸽食，缓缓走来，蹲在地上，面带笑容地喂着鸽子。

他经常把生病或受伤的鸽子带回小旅馆，雇护士照看鸽子，帮助鸽子恢复健康。

培根说过，最不朽的成就，往往来自那些无儿无女的人。

这句话虽然有些武断，但放在特斯拉身上，再合适不过。

特斯拉终身未娶，也没有传过什么绯闻。如果有，那么他的绯闻女友，大概就是这只跟他惺惺相惜的白鸽。

在地球中任何地点获取能量

1931年，特斯拉75岁。青年科学作家肯尼斯·M. 斯威兹，为特斯拉举办了一次别开生面的祝寿会。他借为特斯拉祝寿的机会，写信请求世界各地的著名科学家和工程师都寄些祝贺信来。

给特斯拉的贺信和祝词犹如冬天的雪花源源不断地涌来。在发来贺信和祝词的人当中，有几位是诺贝尔奖获得者。他们都对特斯拉表达了敬意和感激。

晚年的特斯拉

罗伯特·安德鲁·密立根，1923年诺贝尔物理学奖获得者，他在信中写道，他25岁时曾听过特斯拉的报告，看到过特斯拉线圈的相关表演。他说：“我根据那天晚上学到的原理，进行了大量的研究工作，因此，我在这里不只是向您祝贺生日，更是对您表达我用笔墨难以形容的感激和崇敬。”

阿瑟·康普顿，1927年诺贝尔物理学奖获得者，他在信中写道：“像您这样的人物，直接掌握了自然界的奥秘，并且告诉我们如何将自然界的规律应用来解决我们的日常问题，您给予我们年青一代人数不尽的恩情……”

有人曾经问爱因斯坦：“作为世界上最聪明的人，你有什么感受?”

爱因斯坦回答说：“我不知道，你得去问特斯拉。”

爱因斯坦也给特斯拉发来了祝福，祝贺他在高频电流领域做出的杰出贡献：“我诚挚地向您毕生的工作致敬!”

李·德弗雷斯特，真空三极管发明家，在贺信中谈到他对特斯拉的感激：“没有人如此唤醒过我年轻时代的想象力，激励过我的发明欲望，或者在我所探索的领域里为我树立了卓越榜样，唯独您做到了这一点……您在高频研究方面取得的物理学成就，为我从事的伟大的无线电传输工业奠定了基础；您早期的著作和您树立的榜样，一直不断地给我以鼓舞。为此，我对您感激不已。”

美国电气电子工程师学会的前几届主席，也都送来了礼物。

美国电气电子工程师学会副主席B. A. 贝伦德在信中谈道：“我们亲身经历了可歌可泣的交流电输电技术发展时期，在我们这些人看来，毫无疑问，您在这方面的功绩，可与法拉第的丰功伟绩并驾齐驱。”

发来贺信的欧洲人中有威廉·亨利·布拉格——饱受争议的1915年诺贝尔物理学奖的获得者之一。他从伦敦皇家学会发来贺信，提到了特斯拉40年前在他的科学报告中做过的试验表演：“我永远不能忘记您的试验所达到的效果，那真是妙趣横生，美不胜收，从一开始就使我们眼花缭乱，惊叹不已。”

德国无线电先驱冯·阿尔柯伯爵和阿道夫·斯拉比一起研究成功了斯拉比—阿尔柯系统，他在贺信中写道：“今天，当无线电……取得了这样一种世界性的重要意义的时候，如果有谁读到您的论著，特别是您的专利（而且所有这些专利都是19世纪就有了的），他一定会再次感到惊讶，因为您的建议（有时见于别人名下）有多少后来都被实现了……”

斯威兹不但引来了四面八方的祝词，他自己写的贺信更是感人至深。他说："特斯拉的天才，对伦琴、J. J. 汤姆森以及在电子时代的所有研究者，都起到了惊人的推动作用。有位科学家说：'他单枪匹马投身于未知的世界，他是反对事物现存制度的主将。'"

著名的科学编辑和出版家休戈·恩斯贝克的赞美，更是一语道中核心："如果我们说，一个人真正有所发明，换句话说，有所创造和发现，而不只是改进别人已经发明过的东西，那么毫无疑问，尼古拉·特斯拉就是世界上最伟大的发明家——不仅是现在，而且空前绝后……冒昧地说，他做出的基本性的和革命性的发现，在知识界历史上是所向无敌的。"

全世界各地报纸杂志，也因斯威兹发起的祝寿活动而行动起来了，纷纷刊载有关特斯拉的文章。

《时代》杂志以特斯拉为封面，在文章里说，他在科罗拉多时期的那番景象已经没法看到了。那时，他"在闪闪发亮的轰鸣作响的一簇簇火花当中，或来回踱步，或怡然静坐，仿佛是《浮士德》里安详的梅菲斯特"。

他们看到的特斯拉变样了，面容消瘦，头发已经灰白，只有长长的眉毛还很乌黑。不过，他闪闪发光的蓝眼睛、铿锵有力的声音，表明他依然精神矍铄。

特斯拉登上《时代》杂志封面

祝寿晚宴上，特斯拉向记者透露，他正在研究制造一种新的能源，这是从自然界汲取能量的计划：地热蒸汽利用和海水发电。

他坚信："许多年以后，人类的机器可以在地球中任何地点获取能量从而驱动机器。"

我说一种新能源，意思就是说，我找到了一种能量的来源，据我所知那是其他科学家以前没有想到过的。这种想法和主张第一次在我心中萌发时，使我感到分外震惊。

他说有了这种新的能源，宇宙中许多叫人迷惑不解的现象，就可以逐渐弄清楚了。

记者进一步追问，特斯拉不再详谈，只是说，这种能量是由一种全新的和出乎意料的来源产生的。这种来源不论白天黑夜、不论春夏秋冬都可以经久不断地使用。制造和变换这种能量的仪器装置，就机械和电气方面来说，都简单到家。

特斯拉说，开始时成本费用可能很高，但是这个问题好解决，因为这种装置是永久性的，是坏不了的。

我这么说吧，这和释放所谓原子能毫不相干。如果按照我们一般的概念，根本就没有这种能量。我搞过这样的电流，电压高达1500万伏，这是从未有过的，我用这种电流分裂了原子，但是没有释放出能量……

记者追问他何时造出这种新的能源，他答应："过几个月或者几年。"

他那双潜藏在长长的睫毛下面的眼睛，闪闪发亮。他说，他已经构思了一项计划，要将大量电力从一个星球输送到另一个星球，根本不受距离的限制。

我认为，星际间通信比什么都重要。总有一天，我们必定会发现宇宙当中还有别的人类，他们也像我们一样工作、受苦、拼搏。这会给地球上的人类带来神奇的影响，并为建立宇宙的大同世界——和人类本身一样长久存在的宇宙大同世界奠定基础。

我一直过着一种与世隔绝的生活，无休止地、聚精会神地进行思考和冥想，自然而然积累了大量的想法。问题是我的体力够不够用，我能否将这些想法研究清楚，将它们献给世界……

对自己的一生，特斯拉有着一贯谦卑的总结："我只是个平凡的人，没有什么特殊的能力。宇宙中的任何一小部分都包含整个宇宙的所有信息，在其中藏着的某个神秘数据库又保存着宇宙的总体信息，我只是很幸运地可以进入这个数据库去获取信息而已。"

最后的光和能

1935年，当纳粹最终在德国掌权时，特斯拉公布了自己十几年的研究——粒子辐射及宇宙射线基本方程式。

在新闻发布会上，特斯拉谈论起可以融化飞机的粒子辐射武器。

特斯拉宣称，他发明了一种有超强力量的粒子束——“死光”，它能彻底摧毁军队、大型轮船和飞机、舰队。

他在1935年发表的题为《一部结束战争的机器》的文章里宣布，他的发明不是死亡射线，而是带电粒子束。

特斯拉说：“这种能量盾牌，使用的是一种全新的机理和全新的能量形式。”

那种全新的能量，并不是以无线电波的方式传播的，它采用了光束形式，相当于人头发直径的百分之一的光束。

特斯拉说，这种能量将有能力感知250英里以外的空中，一架飞机发动机的存在。“我利用了宇宙射线，并且使它们操作一台成为原动力的设备。”

特斯拉的真空管能直接从物理连续状态中得到质子、中子和电子，并能在任意距离再生这些粒子。特斯拉能在任意给定地方产生瞬间的任意数量的粒子，而不是使质子束在自由空间任意运动。[①]质子、中子、电子可以无限产生，它们数量的差异由创造时间的长短来决定。

特斯拉已经在科罗拉多做过实践，现在他要做的是放大以前实验的尺寸。

特斯拉在实验室中，发现了原子能释放出来的力量。

他看见了原子能的威力，不禁担忧："如果我们能够将原子的能量释放出来，或者在地球的某个地方以某种方式开发出成本更加低廉而规模没有限制的能量，这并不是一件可喜的事情，反而可能引发冲突和混乱，为人类带来灾难，最终导致反对力量登上统治地位。"

他认为粒子束武器，是摧毁性武器，远远超越了原子武器。

特斯拉与"苏维埃俄国之友"合作过，试图将他的粒子束发明出售给这个新政权。

1934年，特斯拉在给一位朋友的信中说："苏联人要保卫他们祖国的边境线，他们正在考虑我提供给他们的建议。"

特斯拉向各国政府游说他的"光束武器"：英国、苏联、美国以及所有抵抗德国的盟国势力。

他与英国政府进入谈判阶段。但最终，英国决定自行建造这种武器，但他们的计划很快被取消了。

在纳粹包围南斯拉夫之际，特斯拉又试图让自己的祖国使用这些武器。"一共需要九个基站，塞尔维亚四个、克罗地亚三个、斯洛文尼亚两个，这样就能保全我们的家乡了"。

在他的"光束武器"被各国政府冷落之后，他不由得叹息："我的研究项目，已经走在时代前面太远了。"

1942年7月8日，南斯拉夫国王彼得二世，在南斯拉夫驻美大使康

---

① 现代物理从真空中创造物质粒子，必须借助于能产生巨大能量的直线加速器才能实现。特斯拉的共振方法是一条通向无限自由能量源的正确路径，通过构造真空的方法来实现。

南斯拉夫国王彼得二世拜访在纽约客旅馆栖居的特斯拉

特斯拉在纽约客旅馆3327号房间

斯坦丁·弗迪奇的陪同下，亲自拜访了在纽约客旅馆栖居的特斯拉。

特斯拉表达了自己的心愿，希望死后能够回到自己的祖国。

1942年的圣诞节，特斯拉感觉到自己将不久于人世，他再次向美国政府游说他的“光束武器”。

在战争部工程师的敦促下，一个讨论特斯拉发明（光束武器）的战争部高层会议，计划在1943年1月8日召开。

会议的前一天，1月7日晚，87岁的特斯拉在纽约客旅馆3327号房间逝世，死于心脏衰竭。

1943年1月10日，星期日，纽约的广播电台里，忽然传出纽约市市长菲奥雷洛·亨利·拉瓜迪亚颤抖而悲怆的声音。

尼古拉·特斯拉，一位87岁的老人，一位特斯拉线圈、感应电动机以及上百项电气装置的发明者，昨晚，在我们的纽约市，在纽约客小旅馆，在简陋的旅馆房间里去世。

他去世时一贫如洗，但他是这个世界上为人类造福最多的人之一。如果将他的发明从我们的生活中抽走，工厂车间将停止运转，电车和汽车将停止转动，我们的城市将陷入黑暗。其实，特斯拉并没有离开我们，他的生命，已经深刻地融入进我们的现代文明、我们的日常生活、我们目前为战争所做的一切努力之中。

我们今天不是悼念他，也不是赋予他荣誉，因为这些他都不在意。

他是一位伟大的人道主义者，一位受人尊敬的科学天才和科学大师。

当年，拉瓜迪亚市长在纽约电台致悼词的录音带，在不知去向60年后，被“纽约特斯拉纪念协会”意外发现，成了纪念特斯拉最为宝贵的历史证物之一。

1月12日，特斯拉的葬礼在纽约曼哈顿的圣约翰大教堂举行。他的灵柩上覆盖着美国和南斯拉夫的国旗。

2000多人前来参加葬礼。塞尔维亚人和克罗地亚人分坐在教堂的两边。威廉·T. 曼宁主教要求两派不发表任何政治性讲演。

葬礼开始，由曼宁主教用英语致辞。结束后，由杜桑·苏克列托维奇教长用塞尔维亚语致辞。

三位诺贝尔物理学奖得主罗伯特·安德鲁·密立根、康普顿和詹姆斯·弗朗克分别致辞。

出席葬礼的有巴尔干外交官、南斯拉夫驻美大使康斯坦丁·弗迪奇、克罗地亚省长（后任南斯拉夫总理）以及粮食和建设部长。

葬礼由特斯拉的侄子萨瓦·科萨诺维奇担任主祭人。

青年作家斯维兹——特斯拉的忘年交，作为特斯拉的义子，为特斯拉扶灵。

美国科学界和工业界前来扶灵的一些重要人物，有调频广播技术发明家埃德温·霍华德·阿姆斯特朗教授、通用电气公司的E. F. W. 阿历山大逊博士、威斯汀豪斯公司的哈维·伦奇勒博士、加诺·邓恩工程师、美国自然历史博物馆海登天文馆馆长W. H. 巴顿以及纽约市政会主席纽波德·莫利斯。

特斯拉的遗体，被安葬在哈德逊河边的费恩克里弗公墓。

1884年，28岁的特斯拉意气风发地来到美国。73年后，也就是1957年，他的骨灰被南斯拉夫铁托总统派一架专机运回故乡，送至于南斯拉夫贝尔格莱德的尼古拉·特斯拉博物馆，被安放于金属球内供参观者瞻仰。

特斯拉去世5个月后，美国最高法院撤销马可尼胜诉的原判，宣布马可尼的无线电专利无效，裁定特斯拉为无线电的发明者。

1960年，在法国巴黎召开的国际度量衡大会，以特斯拉的名字，命名“磁感应强度”的单位，符号为T，用来衡量磁感应强度（磁通量密度），以此纪念这位伟大科学家在磁力学领域所做出的重大贡献。

为了纪念尼古拉·特斯拉，在塞尔维亚发行的几套货币中，都可以看到特斯拉的头像。位于塞尔维亚首都贝尔格莱德的国际机场，也被命名为尼古拉·特斯拉机场。

印有特斯拉头像的货币

2016年是尼古拉·特斯拉诞辰160周年，为了纪念这位伟大的发明家、科学家，塞尔维亚总统尼科利奇，在巴尔干地区最大的东正教堂，亲自为特斯拉铜像揭幕。

他在揭幕式上说：“尼古拉·特斯拉一生致力于向全世界、全人类提供发明，而不是为特定某个国家效力。在特斯拉的眼中，世界是平等的，这也是他一生的追求。他的发明主要体现在技术科学领域，但是这些发明的成果，以及他对待发明专利的态度，可以覆盖到社会学和人文学，从某种意义上讲，特斯拉的理念比他的发明更加重要。”

2013年10月14日，塞尔维亚共和国总统托米斯拉夫·尼科利奇受邀为特斯拉曾经工作的沃登克里弗塔实验室前的尼古拉·特斯拉纪念碑揭幕。他向前来观礼的人群赞美这位科学家：“他的想法已经超越了时代。”

八十个皮箱

特斯拉去世前仍然在做超能粒子束武器的研究。尽管他没有成功地向美国战争部推销这些武器，但他提出的“光束武器”被认为是粒子束武器，最初发表在1934年7月11日的《纽约太阳报》和《纽约时代周刊》上。它由特斯拉线圈和特制开放性真空管组成，根据特斯拉的设想，它可以把液态的钨或汞粒子加速到音速的48倍，通过静电斥力把粒子定向射出。他曾向自己的祖国——南斯拉夫推荐这个发明，提出了建设死亡射线设备的地点，后来又为美国国防部和英国做出了方案，但都没有得到采用，最终成了情报局的收藏品。

特斯拉的去世，使战争部对他生前有可能发明出的武器有了担忧。战争部联系了FBI。

FBI特别探员约翰·G. 特朗普博士被派来专门调查此事。

特朗普博士被告知，特斯拉的有关文件，现在极不安全。“有很多关于秘密武器的流言，甚至有和苏联的秘密协议等”仍流传在外。

而特斯拉的侄子萨瓦·科萨诺维奇正在采取行动以获得这些重要的文件和草图。

特斯拉曾告诉过侄子，他希望把著作、财产等一起交给祖国。

萨瓦·科萨诺维奇是南斯拉夫的外交官。他坚持叔叔的所有财产应该回到南斯拉夫。

萨瓦·科萨诺维奇找来一位锁匠打开了特斯拉的保险柜，以寻找他的遗嘱，但保险柜里并没有遗嘱。

不久，FBI授权外国人财产保管处封存了特斯拉的所有遗产。特斯拉是美国公民，外国人财产保管处介入不合法。

据《信息自由法》披露，美国联邦调查局、美国中央情报局、美国国家安全局、美国国家档案与记录局、俄亥俄州赖特·帕特森空军基地均持有特斯拉的研究资料。

他的研究被宣布为最高机密。据总统顾问的意见，特斯拉的所有个人物品都被查封，由于特斯拉的发明及专利的性质，他的所有研究都被列为“绝密”，即“无年限绝对安全机密”。

有一份文件记载：（他）有80个分布在不同地方的手提箱，里面有他的研究手稿以及试验计划……

美国政府开始追查他生前的所有文件。FBI将他的设计图纸与实验作品全部没收，列入高级机密。

所有关于“光束射线”的技术草图都被探员们拍下了微缩照片。

1945年9月5日，国防部推进和配件分部设备实验室的霍利德上校，给华盛顿外国人财产办公室的洛伊德·L. 肖里斯写了一封信，要求将特朗普博士从特斯拉财物中挑出并做了摘要说明的物证影印成复制件给他。

信中谈到，这些材料考虑在“该部门的国防项目上”使用，经过一定时间后退回。这是外国人财产保管处及美国联邦政府最后一次承认，他们拥有特斯拉关于粒子束武器的资料。

五角大楼后来成立了一个新的军事服务机构——美国航天司令部。这个部门拥有的主要武器，就是从“宇宙战列舰”发射的激光和粒子束武器。国防部的一份报告也像特斯拉的文章一样，把粒子束比作“定向闪电”，但是他们没有明确承认，这种武器实际上已经研制成功。

粒子束武器计划的发展现状是很难估计的，因为有关的一切都是高度机密。显然，这种武器涉及的工艺技术是非常复杂和困难的，因此人们怀疑是否切实可行。但是，许许多多专家依然辛勤研究这一问题。至少近25年来，一直在认真讨论有无可能建立一个粒子束武器家族的问题。

在此期间，“光束射线”文件的副本被运往俄亥俄州的怀特。在那里，一个叫“尼克项目”的绝密计划正在实施，以应对苏联的核打击。

由于特斯拉的研究的潜在重要性，他的家人和南斯拉夫大使馆一直想从美国当局取回这些物品。

1952年，美国当局撤销了对萨瓦·科萨诺维奇的管制，允许他将特斯拉的遗物带回国。

最终，萨瓦·科萨诺维奇取得了特斯拉一些私人物品的所有权，标着“N. T. ”（特斯拉名字的头字母）字样的80箱特斯拉私人物品，被运回到贝尔格莱德。

1952年，铁托总统为特斯拉在贝尔格莱德开设了博物馆，用来纪念并展示尼古拉·特斯拉的一生事迹，以便使后代铭记这位交流电之父、无线电之父——人类历史上最伟大的科学家。

追回的这些物品陈列于尼古拉·特斯拉博物馆。博物馆收藏了特斯拉的16万件原始文献和5700件物品，其中包括很多珍贵的研究文件、书籍、照片等历史展品。

贝尔格莱德特斯拉纪念馆

2003年，由于特斯拉对世界的电气化和未来科技所做出的重要贡献，这座博物馆被列入“世界记忆遗产”。

1960年，苏联领导人赫鲁晓夫宣布，苏联发明出了一种新型等离子武器。美国政府怀疑，这和特斯拉遗失的部分文件有关：“苏联由特斯拉文件的副本做出了等离子武器，这是有可能的。”在苏联，特斯拉被尊为“军事科学之父”。

一个美国的粒子武器项目在劳伦斯利弗莫尔国家实验室展开，但工程师们一直没能在定向能量输出问题上找到出路。

美国空军空中情报中心主任约瑟夫·巴特勒说：“说实话我很崇拜特斯拉，他在20世纪30年代就有了粒子武器的设想。在那个年代，我实在想象不出他的技术细节会是什么。”

1978年，证据显示苏联在乌克兰塞米巴拉金斯克附近，建造了一个大型的光束武器实验场。

1983年3月，里根总统提出了“星球大战计划”：“我呼吁科学界，那些给予了我们核力量的智慧头脑，为了世界和平……发展出一种更新的技术，使核武器成为过去时。”

为了应对毁灭性的核威胁，特斯拉的光束武器概念，终于被美国政府正眼看待了。

直到今天，在几十年斥巨资研究之后，科学家们还在研究光束武器。总体来讲，各国都花了巨大的精力，包括美国以外的很多国家都想使这项技术转化为现实。

如果我们想了解我们自身的创造性到底有多大，从研究特斯拉的人生之路中，我们就有巨量的东西值得挖掘。

正如特斯拉所说：“当有一天我们了解了电的本质是什么，那将成为人类有史以来最伟大的事情。之后人类何时能够与自然达到和谐共振，就只是时间问题了。等待那一刻的到来吧！”

灵魂，自有命运

从20世纪40年代开始，尼古拉·特斯拉的名字便从美国的教科书上被抹去了。特斯拉去世后，他所有的生平资料都被全面性地封锁，同时也遭到报纸媒体大幅度的颠倒丑化，乃至交流电的发明人差点也成了爱迪生。

美国电气工程师学会副主席贝伦德非常了解当时的情况，他写道："无知的人有一个突出特点，总是从一个极端跳到另一个极端。那些一度盲目崇拜特斯拉先生的人，曾经把他捧上了天；相比之下，那些吃尽了'万众景仰'的苦头的神人，所受到的天花乱坠的赞美，也会黯然失色。而现在这些人却对他极尽嘲弄之能事了。世人对恩人通常总是忘恩负义的。"

面对这种现象，贝伦德很是悲愤。他写道："每当我想到尼古拉·特斯拉，总是按捺不住心中的激动，忍不住要谴责他所受到的种种不公正和忘恩负义的待遇——无论群众还是工程技术界，给予他的都是这种待遇。"

1956年4月5日，尼亚加拉莫霍克电力公司的加德纳·H. 达尔斯在美国电气工程师学会上做报告，他的回忆是比较准确的："如果说，自古以来有谁创造了这么多东西，但是得到的赞誉却是如此之少，那就是尼古拉·特斯拉。特斯拉发明了多相系统，正是这种多相系统，被尼亚加拉大瀑布电力公司首次采用，为美国以及全世界今天所采用的电力系统奠定了基础……”

通用电气公司在20世纪70年代后期发动了一场全国规模的媒体宣传战。期望通过媒体的力量，让世人相信，是通用电气公司独家开发了尼亚加拉大瀑布，而特斯拉不过是发明家当中的败北者。

在有关交流电的每个案件中，西屋公司都取得了决定性胜利。公司还提出申诉，控告通用电气公司及相关人士，最后也取得了成功。但是，打了这么久的官司，对公众的认知造成了巨大混乱，得罪了不少人。在这些人当中，有的曾经赞扬过特斯拉，但是现在却反过来破坏他的名誉了。

100年前，特斯拉的名字和成就总是出现在新闻媒体的头版头条。到了后来，受惠于特斯拉天才的既得利益者，出于自己的需要而变得忘恩负义。“电流之战”像古代的宗教世仇一样，没完没了地继续。

直到1990年7月的美国国会，十几位议员首次为特斯拉公开平反，誉他为“比爱迪生的贡献更伟大的人”。

尽管尼古拉·特斯拉的发明让世人叹服，但实际上知道他、了解他的人并不多。

直到1997年，一篇题为《尼古拉·特斯拉的地震机器》的论文让特斯拉的名字重新被人们所关注。这篇论文是由科学家格雷戈里·比肖普发表的。

他在论文中表示，如果利用特斯拉的共振原理和机械原理，很多大型建筑物和桥梁可以免遭强烈地震摧毁。他说，过去人们把特斯拉的设计当作笑料，但现在这些是完全可以实现的。

从那以后，随着人类对环境破坏的加大而引发出对清洁能源和自由能源的渴求，特斯拉的名字和他的各种科研原理，慢慢浮出水面。

特斯拉认为：地球就是一个拥有超大容量的球形电容器，是一个旋转的巨大磁场，也是一个给大气充电的旋转磁力发电机，特别是大气中的电离层让它充满了电荷，通过设计好的转换，可以实现电能的无线随意传输和释放，在地球上的任何地方均可接收电能。

他坚信："许多年以后，人类的机器可以在地球上任何地点获取能量从而驱动机器。"

为了实现他的理论，他在纽约附近的长岛筹建了沃登克里弗塔，但因为投资方撤资没能进行下去。如果特斯拉的实验成功，人类在100多年前就可以享用取之不竭的清洁电力能源。

由特斯拉率先提出的概念有电子显微镜、激光、电视、移动电话、互联网和许多其他与我们日常生活紧密相关的事物。

但这些发现和理论，超越了当时的科学技术，远远超越几个时代，有的理论就连现今最先进的科学技术也无法给出完美解答。

事实上现今我们能够认知和采用的不少发明，都只是特斯拉40岁以前的发明。而他在40岁以后的发明，基本都被压制和封锁了。

特斯拉逝世后，有关他的许多资料和数据大多遗失，即便在贝尔格莱德尼古拉·特斯拉博物馆里收集的16万件展品中，也几乎没有关于特斯拉的科研数据资料。

一个如此前瞻高产的天才发明家和科学家为何被世界遗忘？这是一个值得思考的问题。

灵魂，自有命运。

21世纪初，埃隆·马斯克一声感慨："这个世上，发明家千千万万，尼古拉·特斯拉就一个。"

尼古拉·特斯拉是埃隆·马斯克的精神偶像，是他源源不断创新的原动力。

特斯拉电动车兑现了埃隆·马斯克的少时诺言。

2004年2月，埃隆·马斯克用尼古拉·特斯拉的名字命名"特斯拉电动汽车公司"，以此纪念他心中这位伟大的物理学家——"创造20世纪的人"。

特斯拉的颠覆性意义隐藏在"特斯拉"这个名字里，他是埃隆·马斯克的终极梦想。

特斯拉的铜像立在硅谷

与传统汽车公司一般以创始人名字命名的惯例不同，埃隆为了纪念这位电力先驱，使用了特斯拉的名字。

埃隆说：“将公司命名为‘特斯拉’，是为了向伟大的科学家和工程师致敬，这比‘马斯克汽车’的名字酷多了。我永远也不会用我的名字命名任何公司。”

特斯拉的名言，被刻在立于硅谷的铜像下面：“当下是他们的，而我致力于研究的未来，是我的。”

特斯拉，是硅谷的精神之父。

特斯拉，是一个精神符号，他代表着对人类的大爱情怀、划时代的创新精神。这种精神，点燃了埃隆·马斯克，点燃了硅谷，成为新一代创业家百折不挠的精神动力。

后 记

在科学史上，只有达·芬奇和爱因斯坦可以与特斯拉并列。

特斯拉被视为“创造20世纪的人”。

交流电、多相电动机、可逆磁场、无线通信、遥控自动学……特斯拉的发明专利奠定了20世纪力能学的基础。

特斯拉孤独奋斗60载，他研究宇宙形成的过程，希望在他的实际发明中完成对物质和精神的结合。

特斯拉坚信外星人的存在，因此设计了星际通信装置、星际能量传输装置、星际宇宙飞船、垂直起落飞行器，他还成功制造了电光火球UFO……他是世界UFO科学的奠基人。

特斯拉一生取得了约1000项发明专利，没有他，许多影响人类生活的工具可能就不会出现，至少是会延迟出现，如交流电系统、无线电系统、无线电能传输、水电站、球状闪电、涡轮机、放大发射机、粒子束武器、太阳能发动机、X光设备、电能仪表、无线制导导弹、遥感技术、飞行器、宇宙射线、雷达系统、机器人……

世界上还没有第二个科学家可以同时涉及这么多的研究领域，而且还能在这些领域取得超越时代百年的成就。

特斯拉开创了一个世纪，他是电气时代的真正先知。但是，他的生活经历和历史成就已很大程度上为世人所淡忘。

我们的时代，需要特斯拉的创新精神。因为只有创新、创造才可以跟上世界科技急速发展的步伐。

查阅特斯拉的研究手稿，会发现很多熟悉的内容，比如无线传输电力技术、无线遥控技术等，殊不知这些现代科学界正在大力研发的新技术，在百年前特斯拉就已经在研究了。

早在1891年，特斯拉就证实了无线能量传输技术，1899年他成功制造出人造闪电。他拍摄了世界第一张X光照片，他发明了无线遥控技术，制作了第一台无线电发射器……近1000项我们现今日常生活中无处不在的技术其实都源于百年前他的发明。

尼亚加拉水电站，这项科学史上的奇迹，是特斯拉30多岁时的一项设计，当中共运用了他9项发明专利，包括特斯拉所发明的交流发电机和交流电输电技术。每日所生产的电力足以供应美国纽约州和加拿大安大略省总需求的四分之一。至今，这项建成已超百年的电力建设仍然运作如常，从未间断地产出天然能源。

特斯拉去世后，美国政府把他的所有研究资料列为最高机密，FBI没收了他的所有设计图纸与实验作品，并交由指定的军事部门加以研究。美国军方至今也没有停止对他的论文研究。

从那时起，特斯拉正式从美国历史文献上消失，被人为抹去了。

美国政府，不惜一切地销毁特斯拉的专利资料，甚至将他的发明移至他人名下。

直至1990年7月，特斯拉逝世半个世纪以后，美国国会十几位议员才首次公开为他平反，将他誉为超越爱迪生的伟大科学家。从此以后，关于他的贡献和资料才开始流传开来。

特斯拉将自己的一生献给了科学事业，他一直把自己每天的睡眠时间限制在2个小时以内。特斯拉的近1000项专利是他个人独自构思和撰写的，他是名副其实的专利发明人。

我已经筋疲力尽，但就是停不下来，我的试验是那么重要、那么奇妙，我真舍不得拿出时间去吃饭。我的大脑不停地在思考，哪怕躺着也是如此，这会持续到我生命的尽头。

为了献身科学研究事业，特斯拉终身未娶。

特斯拉一生都在进行科学研究和发明，他没有特别服务于哪个国家，他关心的是全人类，这也是他为何会撕毁自己交流电专利，让它成为永久免费资源的原因。

特斯拉的发明所获得的收益，几乎全部用在各种研究项目上。晚年的特斯拉一贫如洗，负债累累。商业利益至上的资本世界扼杀了特斯拉为人类创新发明的创造力。但是，他伟大无私的奉献精神和坚忍不拔的拼搏精神，引领着世界走向更文明的发展。

具有远见的特斯拉确信："终有一天，人类将有能力，从宇宙的能量场中，直接摄取能量维生。"

这位旷世天才，一生像火焰一样燃烧，把光和能，无偿地送给人类，直到自己烧成灰烬。

我能够完成此书绝非易事，尼古拉·特斯拉的故事鲜为人知，很多有关他的真实情况都被人为地删除或更改，在整理和写作过程中，既要收集关于他的资料，又要去伪存真加以辨别，工作难度和强度可想而知。但是，越是深入地了解和认识这位伟大的发明家，越是感觉有责任把他最真实的一生告诉读者。

本书参阅了大量的文献和史料，书中所用引文，主要来自《特斯拉自传》《尼古拉·特斯拉日记》及大量期刊、报纸、广播、电视节目媒体报道。在此特作说明。

在整理和写作《我是未来——尼古拉·特斯拉传》一书期间，我得到了许多人的支持和帮助，在此诚表谢忱：Cathy Brehm、Mia Yu、Williams Tseng、Mark Cuker、James C. Lu、Kenny Zhang、Tom Jin、Daniel Mohler、Thomas Liu、Mike Teng、赵德明、刘有晔、沈海宁、张剑锋、谷卫彬、丁海滨、张光明、陈全胜、程裕富、张卫国、杨茂银、耿运强、焦明、李吉水、李岩、刘一冰等。

初稿完成之后，我开始在中国寻找合适的出版社，巧遇杨凌女士并在她的引荐下，与浙江人民出版社社长叶国斌相识。叶社长立即安排编辑进行了出版前的对接和沟通，方使本书得以顺利出版发行。在此，献上我最深的敬意和谢意。

再次表示我由衷的感谢！谢谢！

史迪夫·劳

2017年10月

附录一：尼古拉·特斯拉十大发明回顾

一、交流电

毋庸置疑，尼古拉·特斯拉最大的贡献就是发明了交流电。

特斯拉不仅仅是发明或者发现了交流电，而是将其进行广泛运用，并创立了多项电力传输技术，使世界为之振奋。

在1893年的芝加哥哥伦比亚世界博览会上，特斯拉与乔治·威斯汀豪斯历史性地用交流电照亮了整个博览会。此次博览会之后，交流电变得越来越普及，最终成了我们今天仍在使用的主要电力系统。

二、远程自动化

1898年，在麦迪逊广场花园的一次电学博览会上，特斯拉向公众演示了无线电遥控船只，将其称作“远程自动化”。当时特斯拉甚至没有因此获得专利，因为在20世纪60年代以前，无线电遥控还是个新鲜事物，美国专利局认为这是个不可能实现的发明。但是特斯拉在博览会上证明了专利局的想法是错误的，他通过无线电波来操作螺旋桨和灯光，从而成功地使用了无线电遥控船只。

这项发明在三个不同的领域获得了广泛的运用。一是，远程遥控，例如电视和车库门的遥控器就是运用这项技术；二是，遥控船也是初期机器人的一种，它是一种机械的、不用人工直接控制的物体；三是，将机器人和无线电控制技术相结合，特斯拉的无线遥控船只为无人驾驶飞机的产生带来了灵感源泉。

三、感应电动机

感应电动机采用交流电，基本上由定子和转子这两部分组成。定子保持固定，同时使用电磁体来转动中间的转子。感应电动机被认为是经久耐用、易于维护的，同时享有低廉的运行成本的发明。

19世纪80年代，有两个人分别对感应电动机进行了研究：特斯拉和伽利略·法拉利（Galileo Ferrari），并同时于1888年提出了各自的研究结果。意大利发明家法拉利比特斯拉提前两个月推出了他的发动机。然而，特斯拉申请专利的证据支持更具分量。他们分别对同一技术加以改进，并独立得出了同样的结论，但特斯拉提交专利的时间要略早。感应电动机有着令人难以置信的影响力，如今仍然应用在日常用品中，像吸尘器、吹风机和电动工具等。

四、亚当斯发电厂变电站

尼亚加拉瀑布委员会（Niagara Falls Commission）为了能够长年利用瀑布的巨大能量，想寻找一家公司来建造一座水力发电站。起初，他们考虑交给托马斯·爱迪生的直流电厂，但在见证了由西屋电气公司提供的特斯拉的交流电后，委员会于1893年与西屋公司签订合同。西屋采用了特斯拉的设计，但对于这样一个很多人都怀疑能否运作的伟大项目来说，筹集和维持经费仍然是一个极大的难题。

然而，当1896年11月16日合上电闸时，亚当斯发电厂变电站开始运转，并向纽约水牛城供电。在此之后又建造了十台发电机，为纽约市供电。该发电厂被认为具有革命性，为现代水力发电厂设立了标准。

五、霓虹灯

虽然荧光灯和霓虹灯并不是特斯拉发明的，但他却对它们的改进贡献良多。有趣的是，当时没有人对阴极射线进行研究，来真正实现该技术的实际应用。阴极射线是在霓虹灯这类电子管中可以观察到的电子。

特斯拉看到了机会，并进行了一个实验，使带电粒子穿越气体产生了四类不同的光。例如，他使用磷光物质将黑光转换成可见光，并在制作灯和霓虹灯招牌时，发现了这一技术的实用价值。在1893年的芝加哥哥伦比亚世界博览会上，特斯拉的个人展览是霓虹灯招牌，上面有着他独特的设计和书写的文字。这个想法受到大众欢迎，现如今霓虹灯和招牌点亮了世界各地的大城市。

六、无线电

无线电的发明者是谁，一直是一个具有争议性的焦点问题。1895年，特斯拉已经准备好发射50英里距离的无线电信号，但他的实验室却在此之前被烧毁，因此延迟了试验。与此同时，一位名叫古列尔莫·马可尼的意大利人正在英国研究无线电报，并且他的设备在1896年被授予专利。他的系统与特斯拉建成的有很大不同，只用了两个通路，但无法远距离传送。而特斯拉的发明使用了多个通路，从而使系统更加强大。

1897年，特斯拉在美国提交了他的专利申请，并于1900年获得批准。所以，当马可尼再向美国专利局提交他的无线电专利申请时，遭到了拒绝，因为它与特斯拉的发明太相似了。马可尼并不气馁，创办了自己的公司，并拥有安德鲁·卡内基和托马斯·爱迪生这样强大的支持者。

1901年，由于采用了多项特斯拉的专利，马可尼将信号传送至大西洋彼岸。

1904年，专利局没有给出明确的理由就撤销了他们曾经的决定，并表示马可尼的专利是有效的，使他成为无线电的发明者。

1909年，马可尼获得诺贝尔奖，其公司遭到了特斯拉的起诉。不幸的是，穷困潦倒的特斯拉无法与大公司对抗。该案件一直没有得到判决，直到1943年特斯拉去世几个月后，最高法院才裁定维持特斯拉的专利。

七、影像图

1895年，德国科学家威廉·康拉德·伦琴发现了一种神秘的能量，他称之为“X射线”。他注意到，当他把感光胶片放在手和铅屏之间时，胶片上就会出现手部骨头的图像。不久后，伦琴把他的研究结果和他妻子的手部照片公布于世，因此名声大振。在那张照片中，可以看到伦琴妻子的手骨头及其手指上的婚戒。

多项证据表明，在伦琴公布他的研究结果之前，特斯拉对X射线已有所了解。恰好在伦琴发现这项技术的不久前，一场大火于1895年烧毁了特斯拉的实验室，他的研究因此而终止。伦琴所发表的研究结果启发了特斯拉，他采用真空管来制造X射线，形成的图像被他称为影像图。特斯拉被认为是美国拍摄X光照片的第一人，他拍了一张穿着鞋的脚部影像图，然后把照片寄给伦琴，祝贺他的发现。伦琴随即回信给特斯拉，称赞他拍了一张特别清晰的影像图。影像图在X光机的发展中起了重要的作用，X光机从来无法拍出像特斯拉那样清晰的图像。

八、特斯拉涡轮机

在20世纪初，世界见证了活塞式发动机在汽车工业中的兴起。为尝试与活塞式发动机一争高下，特斯拉开发了自己的涡轮机。特斯拉的涡轮机是无叶式的，使用光滑圆盘在燃烧室中旋转。在燃料进入带有圆盘的主要燃烧室之前，燃烧将带动机器运转。

燃烧可以使圆盘旋转，从而带动发动机进行工作。特斯拉在1909年测试该发动机时，发现它能够达到60%的燃烧效率。引人深思的是，直至目前我们才只达到了42%的燃料能量转换率。然而，在商业中，燃油销售能够让人们获取更多的利益，因此活塞式发动机仍然是当今世界的常态选择。

九、放大发射机

特斯拉在科罗拉多斯普林斯建立了一个实验室做研究，他在那里制造出了规模与能量最大的特斯拉线圈，将其称作“放大发射机”。放大发射机有三个线圈，直径为52英尺。它可以产生数百万伏电流并制造出“人造闪电”，闪电最高可达130英尺，是当时最大的人造闪电。

这是特斯拉的最佳发明，是为了激发地球电磁场创造的一种特殊变压器，用于电能传输，其传输距离必须使用天文级望远镜才能看到。通过使用这种神奇装置，特斯拉已经实现了一种电力效应，其强度超过了闪电，通过的电流足以点亮环绕地球的200盏白炽灯。

十、特斯拉线圈

1891年，特斯拉发明了特斯拉线圈，他主要使用了两个线圈，一个初级线圈和一个次级线圈，每一个都有独立的电容器。电容器就像一块电池一样，可以容纳电荷。这两个线圈通过打火间隙产生联系，打火间隙击穿空气打火。实验的结果是，特斯拉线圈可以制造“人工闪电”、通过设备主体发射电流以及产生微弱的电风。

特斯拉之所以能发明出这个具有革命创新性意义的设备，是因为他一直执着于利用无线电为城市供电。如今，特斯拉线圈主要供爱好者研究娱乐使用，在科学研究中心和博物馆都可以看到特斯拉线圈，其中的一些技术还被应用在收音机上。特斯拉线圈的重要性在于，它让工程师们意识到了电的本质以及如何运用电。

附录二：尼古拉·特斯拉生平大事记

1856年7月9日

特斯拉出生于利卡省斯米湾的一个塞尔维亚家庭。

1875年

特斯拉在格拉茨理工大学学习物理学、数学和机械学。

1877—1880年

特斯拉在奥地利布拉格大学的查尔斯—费迪南德大学分校学习。

1881年

特斯拉进入匈牙利政府的中央电报局工作。

1882年

特斯拉在布达佩斯街心公园散步时发现了旋转磁场。

秋天，特斯拉到爱迪生电话公司巴黎分公司任职。

1883年

特斯拉在斯特拉斯堡受雇于爱迪生欧洲大陆公司，制造了第一台特斯拉获得由美国电气电子工程师学会授予的爱迪生奖章。

特斯拉向美国军方提供了雷达模型和设计。

1927年

特斯拉申请垂直起落战机专利，并于1928年1月3日最终得到批准。

1928年

特斯拉的空中运输装置的专利申请获批。

特斯拉登上《时代》封面。

1931年

75岁的特斯拉提出两项从自然界汲取能量的计划：地热蒸汽利用和海水发电。

1934年

特斯拉获得约翰·斯科特奖章。

1935年

特斯拉宣布，他发明的“死光”不是死亡射线，而是带电粒子束。

1936年

特斯拉完成《引力的动态理论》。

1937年

特斯拉获得南斯拉夫最高荣誉——白鹰大奖章，以及捷克斯洛伐克白狮大奖章和布拉格大学的荣誉博士学位。

特斯拉获得1937年诺贝尔物理学奖提名。

1942年7月8日

特斯拉在纽约客旅馆受到南斯拉夫国王彼得二世的拜访。

1943年

1月7日，特斯拉在纽约客旅馆因心脏衰竭逝世，享年87岁。

1月12日，特斯拉的葬礼在纽约曼哈顿的圣约翰大教堂举行。

9月，万吨商船“尼古拉·特斯拉”号自由轮下水。

1957年

特斯拉的骨灰被运回家乡贝尔格莱德。

1960年

慕尼黑国际电工委员会确定“特斯拉”为磁感应强度的国际科学单位。

1975年

特斯拉被正式引入美国国家发明家名人堂。